Siempre con Él

*Una meditación
para cada día*

Ediciones Palabra
Madrid

© Fulgencio Espa Feced, 2024
© Antonio Fernández Velasco, 2024
© Fernando del Moral Acha, 2024
   Ediciones Palabra, S.A., 2024
   Paseo de la Castellana, 210 – 28046 MADRID (España)
   Telf.: (34) 91 350 77 20 – (34) 91 350 77 39
   www.palabra.es
   palabra@palabra.es

Diseño de portada: Equipo de producción
ISBN: 978-84-1368-331-7
Depósito legal: M-5.718-2024
Impresión: Gohegraf, S.L.
Printed in Spain – Impreso en España

FULGENCIO ESPA
ANTONIO FERNÁNDEZ
FERNANDO DEL MORAL

Siempre con Él

*Una meditación
para cada día*

Pascua

PALABRA

CALENDARIO LITÚRGICO	2024 B	2025 C	2026 A	2027 B	2028 C	2029 A	2030 B	2031 C	2032 A	2033 B	2034 C
2ª después de Navidad	—	5 ene.	4 ene.	3 ene.	2 ene.	—	—	5 ene.	4 ene.	2 ene.	—
Epifanía del Señor	6 ene.	6 ene.	6 ene.	6 ene.	6 ene.	6 ene.	6 ene.	6 ene.	6 ene.	6 ene.	6 ene.
Bautismo del Señor	7 ene.	12 ene.	11 ene.	10 ene.	9 ene.	7 ene.	13 ene.	12 ene.	11 ene.	9 ene.	8 ene.
2ª de tpo. ordinario	14 ene.	19 ene.	18 ene.	17 ene.	16 ene.	14 ene.	20 ene.	19 ene.	18 ene.	16 ene.	15 ene.
3ª de tpo. ordinario	21 ene.	26 ene.	25 ene.	24 ene.	23 ene.	21 ene.	27 ene.	26 ene.	25 ene.	23 ene.	22 ene.
4ª de tpo. ordinario	28 ene.	2 feb.	1 feb.	31 ene.	30 ene.	28 ene.	3 feb.	2 feb.	1 feb.	30 ene.	29 ene.
5ª de tpo. ordinario	4 feb.	9 feb.	8 feb.	7 feb.	6 feb.	4 feb.	10 feb.	9 feb.	8 feb.	6 feb.	5 feb.
6ª de tpo. ordinario	11 feb.	16 feb.	15 feb.	—	13 feb.	11 feb.	17 feb.	16 feb.	—	13 feb.	12 feb.
7ª de tpo. ordinario	20 may.	23 feb.	—	17 may.	20 feb.	21 may.	24 feb.	23 feb.	17 may.	20 feb.	19 feb.
8ª de tpo. ordinario	27 may.	2 mar.	25 may.	24 may.	27 feb.	28 may.	3 mar.	—	24 may.	27 feb.	29 may.
9ª de tpo. ordinario	3 jun.	—		31 may.	5 jun.	4 jun.	—	2 jun.	31 may.	—	5 jun.
MIÉRCOLES DE CENIZA	14 feb.	5 mar.	18 feb.	10 feb.	1 mar.	14 feb.	6 mar.	26 feb.	11 feb.	2 mar.	22 feb.
1ª de Cuaresma	18 feb.	9 mar.	22 feb.	14 feb.	5 mar.	18 feb.	10 mar.	2 mar.	15 feb.	6 mar.	26 feb.
2ª de Cuaresma	25 feb.	16 mar.	1 mar.	21 feb.	12 mar.	25 feb.	17 mar.	9 mar.	22 feb.	13 mar.	5 mar.
3ª de Cuaresma	3 mar.	23 mar.	8 mar.	28 feb.	19 mar.	4 mar.	24 mar.	16 mar.	29 feb.	20 mar.	12 mar.
4ª de Cuaresma	10 mar.	30 mar.	15 mar.	7 mar.	26 mar.	11 mar.	31 mar.	23 mar.	7 mar.	27 mar.	19 mar.
5ª de Cuaresma	17 mar.	6 abr.	22 mar.	14 mar.	2 abr.	18 mar.	7 abr.	30 mar.	14 mar.	3 abr.	26 mar.
Domingo de Ramos	24 mar.	13 abr.	29 mar.	21 mar.	9 abr.	25 mar.	14 abr.	6 abr.	21 mar.	10 abr.	2 abr.
DOMINGO DE PASCUA	31 mar.	20 abr.	5 abr.	28 mar.	16 abr.	1 abr.	21 abr.	13 abr.	28 mar.	17 abr.	9 abr.
2ª de Pascua	7 abr.	27 abr.	12 abr.	4 abr.	23 abr.	8 abr.	28 abr.	20 abr.	4 abr.	24 abr.	16 abr.
3ª de Pascua	14 abr.	4 may.	19 abr.	11 abr.	30 abr.	15 abr.	5 may.	27 abr.	11 abr.	1 may.	23 abr.
4ª de Pascua	21 abr.	11 may.	26 abr.	18 abr.	7 may.	22 abr.	12 may.	4 may.	18 abr.	8 may.	30 abr.
5ª de Pascua	28 abr.	18 may.	3 may.	25 abr.	14 may.	29 abr.	19 may.	11 may.	25 abr.	15 may.	7 may.
6ª de Pascua	5 may.	25 may.	10 may.	2 may.	21 may.	6 may.	26 may.	18 may.	2 may.	22 may.	14 may.
7ª de Pascua (Ascensión)	12 may.	1 jun.	17 may.	9 may.	28 may.	13 may.	2 jun.	25 may.	9 may.	29 may.	21 may.
PENTECOSTÉS	19 may.	8 jun.	24 may.	16 may.	4 jun.	20 may.	9 jun.	1 jun.	16 may.	5 jun.	28 may.
Lunes después Pentecostés	20 may.	9 jun.	25 may.	17 may.	5 jun.	21 may.	10 jun.	2 jun.	17 may.	6 jun.	29 may.
Comienza sem. del tpo. ord.	7ª sem.	10ª sem.	8ª sem.	7ª sem.	9ª sem.	7ª sem.	10ª sem.	9ª sem.	7ª sem.	10ª sem.	8ª sem.
Santísima Trinidad	26 may.	15 jun.	31 may.	23 may.	11 jun.	27 may.	16 jun.	8 jun.	23 may.	12 jun.	4 jun.
Cuerpo y Sangre de Cristo	2 jun.	22 jun.	7 jun.	30 may.	18 jun.	3 jun.	23 jun.	15 jun.	30 may.	19 jun.	11 jun.

CALENDARIO LITÚRGICO	2024 B	2025 C	2026 A	2027 B	2028 C	2029 A	2030 B	2031 C	2032 A	2033 B	2034 C
9ª de tpo. ordinario	3 jun.	—	1 jun.	31 may.	5 jun.	4 jun.	—	2 jun.	31 may.	—	5 jun.
10ª de tpo. ordinario	9 jun.	9 jun.	8 jun.	6 jun.	12 jun.	10 jun.	10 jun.	9 jun.	6 jun.	6 jun.	11 jun.
11ª de tpo. ordinario	16 jun.	16 jun.	14 jun.	13 jun.	19 jun.	17 jun.	17 jun.	16 jun.	13 jun.	13 jun.	18 jun.
12ª de tpo. ordinario	23 jun.	23 jun.	21 jun.	20 jun.	25 jun.	24 jun.	24 jun.	22 jun.	20 jun.	20 jun.	25 jun.
13ª de tpo. ordinario	30 jun.	29 jun.	28 jun.	27 jun.	2 jul.	1 jul.	30 jun.	29 jun.	27 jun.	26 jun.	2 jul.
14ª de tpo. ordinario	7 jul.	6 jul.	5 jul.	4 jul.	9 jul.	8 jul.	7 jul.	6 jul.	4 jul.	3 jul.	9 jul.
16ª de tpo. ordinario	21 jul.	20 jul.	19 jul.	18 jul.	23 jul.	22 jul.	21 jul.	20 jul.	18 jul.	17 jul.	23 jul.
17ª de tpo. ordinario	28 jul.	27 jul.	26 jul.	25 jul.	30 jul.	29 jul.	28 jul.	27 jul.	25 jul.	24 jul.	30 jul.
18ª de tpo. ordinario	4 ago.	3 ago.	2 ago.	1 ago.	6 ago.	5 ago.	4 ago.	3 ago.	1 ago.	31 jul.	6 ago.
19ª de tpo. ordinario	11 ago.	10 ago.	9 ago.	8 ago.	13 ago.	12 ago.	11 ago.	10 ago.	8 ago.	7 ago.	13 ago.
20ª de tpo. ordinario	18 ago.	17 ago.	16 ago.	15 ago.	20 ago.	19 ago.	18 ago.	17 ago.	15 ago.	14 ago.	20 ago.
21ª de tpo. ordinario	25 ago.	24 ago.	23 ago.	22 ago.	27 ago.	26 ago.	25 ago.	24 ago.	22 ago.	21 ago.	27 ago.
22ª de tpo. ordinario	1 sep.	31 ago.	30 ago.	29 ago.	3 sep.	2 sep.	1 sep.	31 ago.	29 ago.	28 ago.	3 sep.
23ª de tpo. ordinario	8 sep.	7 sep.	5 sep.	5 sep.	10 sep.	9 sep.	8 sep.	7 sep.	5 sep.	4 sep.	10 sep.
24ª de tpo. ordinario	15 sep.	14 sep.	13 sep.	12 sep.	17 sep.	16 sep.	15 sep.	14 sep.	12 sep.	11 sep.	17 sep.
25ª de tpo. ordinario	22 sep.	21 sep.	20 sep.	19 sep.	24 sep.	23 sep.	22 sep.	21 sep.	19 sep.	18 sep.	24 sep.
26ª de tpo. ordinario	29 sep.	28 sep.	27 sep.	26 sep.	1 oct.	30 sep.	29 sep.	28 sep.	26 sep.	25 sep.	1 oct.
27ª de tpo. ordinario	6 oct.	5 oct.	4 oct.	3 oct.	8 oct.	7 oct.	6 oct.	5 oct.	3 oct.	2 oct.	8 oct.
28ª de tpo. ordinario	13 oct.	12 oct.	11 oct.	10 oct.	15 oct.	14 oct.	13 oct.	12 oct.	10 oct.	9 oct.	15 oct.
29ª de tpo. ordinario	20 oct.	19 oct.	18 oct.	17 oct.	22 oct.	21 oct.	20 oct.	19 oct.	17 oct.	16 oct.	22 oct.
30ª de tpo. ordinario	27 oct.	26 oct.	25 oct.	24 oct.	29 oct.	28 oct.	27 oct.	26 oct.	24 oct.	23 oct.	29 oct.
31ª de tpo. ordinario	3 nov.	2 nov.	1 nov.	31 oct.	5 nov.	4 nov.	3 nov.	2 nov.	31 oct.	30 oct.	5 nov.
32ª de tpo. ordinario	10 nov.	9 nov.	8 nov.	7 nov.	12 nov.	11 nov.	10 nov.	9 nov.	7 nov.	6 nov.	12 nov.
33ª de tpo. ordinario	17 nov.	16 nov.	15 nov.	14 nov.	19 nov.	18 nov.	17 nov.	16 nov.	14 nov.	13 nov.	19 nov.
34ª de tpo. ord. (Cristo Rey)	24 nov.	23 nov.	22 nov.	21 nov.	26 nov.	25 nov.	24 nov.	23 nov.	21 nov.	20 nov.	26 nov.
	C	A	B	C	A	B	C	A	B	C	A
1ª de Adviento	1 dic.	30 nov.	29 nov.	28 nov.	3 dic.	2 dic.	1 dic.	30 nov.	28 nov.	27 nov.	3 dic.
2ª de Adviento	8 dic.	7 dic.	6 dic.	5 dic.	10 dic.	9 dic.	8 dic.	7 dic.	5 dic.	4 dic.	10 dic.
3ª de Adviento	15 dic.	14 dic.	13 dic.	12 dic.	17 dic.	16 dic.	15 dic.	14 dic.	12 dic.	11 dic.	17 dic.
4ª de Adviento	22 dic.	21 dic.	20 dic.	19 dic.	24 dic.	23 dic.	22 dic.	21 dic.	19 dic.	18 dic.	24 dic.
NATIVIDAD DEL SEÑOR	25 dic.	25 dic.	25 dic.	25 dic.	25 dic.	25 dic.	25 dic.	25 dic.	25 dic.	25 dic.	25 dic.
Sagrada Familia	29 dic.	28 dic.	27 dic.	26 dic.	31 dic.	30 dic.	29 dic.	28 dic.	26 dic.	30 dic.	31 dic.

DOMINGO DE PASCUA DE LA RESURRECCIÓN DEL SEÑOR CICLO A

1. La resurrección no es un final feliz.
2. Un sobresalto y un principio.
3. Un nuevo principio que transforma.

1. Hay una dificultad que hemos de vencer si queremos acercarnos adecuadamente al misterio de la resurrección del Señor. Esa dificultad es asumir que se trata de un final feliz. Tenemos la tentación de pensar así la resurrección por influencia de novelas, películas, series de televisión o internet; todos ellos relatos que nos han acostumbrado a un esquema semejante: el héroe tras sufrir y padecer todo tipo de dificultades termina triunfando sobre sus enemigos, al menos las de género de aventuras suelen ser así.

No. La resurrección no es ese final feliz que relaja la tensión dramática y nos deja tranquilos y contentos. Desde luego no fue esto para los discípulos del Señor que, si te fijas en el evangelio, lo que vivieron aquella mañana del primer día de la semana fue de todo menos tranquilo. Es un sobresalto continuo, un ir y venir a la carrera entre el sepulcro y el cenáculo. María la Magdalena que va y, al no encontrarlo, vuelve corriendo. Pedro y Juan que salen a la carrera, y vuelven contando que han visto el sepulcro vacío y los lienzos por el suelo. Entre tanto, María la Magdalena que vuelve al sepulcro, ve al Señor y vuelta corriendo para contarlo a los otros. Y así todo el día. ¿Te parece un final tranquilo?

La resurrección es para todos ellos un sobresalto, algo inesperado, inaudito. Les llena de asombro y sobrecogimiento. Aunque habían oído hablar numerosas veces a Jesús de que era necesario que padeciera y muriera en la cruz pero que había de suceder todo eso para que entrase en su gloria, ninguno esperaba lo que sucedió. Estaban desolados en el Cenáculo, pensando en marcharse, algunos ya lo habían hecho, como los que se van camino de Emaús. Deja que la fuerza del acontecimiento y la viveza de los testimonios de quienes lo presenciaron te llenen también a ti de asombro y de estupor ante la victoria de quien colgó de la cruz.

2. La resurrección no es un final tranquilo, como venimos considerando, a tenor del desarrollo de los acontecimientos de aquel día. Pero es que tampoco es un final. Es más bien un principio, un nuevo comienzo. En la resurrección comienza una vida nueva que brota del costado abierto de Cristo en la cruz. Si Cristo no se hubiera alzado victorioso esa vida nunca hubiera llegado a los discípulos, ni tampoco te hubiera llegado a ti. En el misterio que hoy celebramos está el origen de tu ser hijo o hija de Dios, pues tu bautismo no es sino participar de la muerte y resurrección de Jesucristo. Por eso da gracias hoy por esta admirable victoria, porque *este es el día en que actuó el Señor, el día de tu alegría y de tu gozo*, como cantamos en el salmo de la misa (cfr. *Sal* 117, 24).

Es también el principio de otra cosa. Para verlo hay que alejarse un poco, tomar perspectiva podríamos decir, y ver lo que sucedió en seguida, a los pocos años. La resurrección trajo una explosión de apostolado. Los discípulos salieron en tromba a comunicar la alegría del evangelio, a ofrecer al mundo entero la vida nueva en Cristo. Llegaron hasta el confín de la tierra para anunciar la buena noticia. Nada más lejos de un final plácido y tranquilo. La resurrección es para aquellos primeros discípulos el comienzo de una aventura apasionante, que les llevará a lugares de cuya existencia quizá no habían tenido ni siquiera noticia: Arabia, Hispania, hasta la India llegará uno de ellos.

Que estas consideraciones, pídeselo a Dios, te ayuden a entender que para ti también la resurrección es un principio, un comienzo apasionante de vida y apostolado. Y que hacer esta celebración anual de aquel acontecimiento te llene de gratitud por esa vida recibida y del deseo de salir a comunicarla con el mismo ardor y entusiasmo de aquellos primeros seguidores de Jesús.

3. Todavía puedes sacar más provecho de la meditación de lo que significó la resurrección para aquellos primeros discípulos. Aquel principio de vida nueva que les impulsó a ir a todos los rincones del mundo a llevar el evangelio, ante todo, lo que hizo es cambiarles interiormente. La resurrección es un principio de vida que cambia, que transforma. ¿Cómo se explica si no que aquellos hombres llenos de miedo, que jamás habían salido de Israel, de improviso emprendieran con audacia viajes y se atrevieran a hablar delante de sabios y poderosos? Solo se entiende a la luz de la fuerza transformadora del encuentro con el resucitado.

Pero, para que este cambio se produzca es preciso creer, es preciso tener fe. Como todo lo que hace Dios en nosotros requiere de nuestro asentimiento libre. Y, por eso, la resurrección, a pesar de toda la grandiosidad y esplendor que significa, se presenta bajo la forma de signos que muevan la libertad sin anularla. Piensa en el evangelio de hoy. El sepulcro abierto y las vendas en el suelo representan el primer signo de que Cristo ha vencido, pero ha de ser aceptado e interpretado en este sentido. Y esto es algo que tiene de hacer cada uno personalmente. Por eso nos dice hoy san Juan, solo de sí mismo, que *vio y creyó* (*Jn* 20, 8). Porque en esto nadie puede sustituirnos, ni hacer por nosotros el recorrido que va de ver el sepulcro vacío a confesar que Cristo vive. La resurrección te cambiará y transformará si con fe la aceptas, igual que volvió cambiado san Juan. Por eso pide a Dios que aumente tu fe, que te conceda ver y creer como concedió al evangelista.

Una última cosa para tu oración de hoy. Hay una persona para la que la resurrección no fue un sobresalto porque ella sí la esperaba llena de fe y confianza. Ella es María, la madre de Jesús. Para ella la resurrección, reencontrase con su hijo muy de madrugada –porque tradicionalmente se ha creído que fue la primera que vio a Jesús–, no fue inesperado. Ella lo aguardaba deseosa de recobrar vivo a su hijo querido. Por eso alégrate y felicítala diciendo:

Reina del Cielo, alégrate, aleluya,
porque el Señor, a quien llevaste en tu seno, aleluya,
ha resucitado, según su palabra, aleluya.

DOMINGO DE PASCUA DE LA RESURRECCIÓN DEL SEÑOR CICLO B

1. Una noche única.
2. Recuerdos de nuestro Bautismo.
3. Una tumba vacía.

1. Hoy hemos comenzado por la noche, con la Vigilia pascual, la vigilia de las vigilias, el centro de la vida cristiana. Pero, verdaderamente, ¿qué celebramos en esta Noche Santa? La Iglesia nos lo explica a través de todos los ritos de esta celebración solemne. «¡Qué noche tan dichosa! Solo ella conoció el momento en que Cristo resucitó de entre los muertos. Esta es la noche de la que estaba escrito: "Será la noche clara como el día, la noche iluminada por mi gozo"».

Posiblemente hemos comenzado fuera, o en la puerta de la iglesia, con la bendición del fuego; dentro, todo oscuridad, signo del pecado y de la muerte. La entrada procesional del cirio –signo de Cristo– ha ido iluminando, con la transmisión de la luz a través de las velitas, todo el templo. «Luz de Cristo, demos gracias a Dios», repetido tres veces, ha llenado nuestro interior de una íntima alegría.

A continuación, el pregón, cantado, más bien gritado a los cuatros vientos; la Iglesia rompe el silencio de la

noche, para anunciar su gran mensaje: ¡Jesucristo ha resucitado de entre los muertos! El texto del pregón, junto
con la larga serie de lecturas que hoy se proponen, van
recorriendo la historia de la salvación, narrando cómo
esta Noche había sido ya prefigurada en el Antiguo Testamento: «Porque él ha pagado por nosotros al eterno Padre la deuda de Adán y, derramando su sangre, canceló el
recibo del antiguo pecado. Porque estas son las fiestas de
Pascua, en las que se inmola el verdadero Cordero, cuya
sangre consagra las puertas de los fieles. Esta es la noche
en que sacaste de Egipto a los israelitas, nuestros padres,
y los hiciste pasar a pie el mar Rojo». Se ha cumplido la
promesa, nosotros estamos viviendo la realidad que aquellas imágenes simbolizaban.

«Esta es la noche en que la columna de fuego escla-
reció las tinieblas del pecado. Esta es la noche en que,
por toda la tierra, los que confiesan su fe en Cristo son
arrancados de los vicios del mundo y de la oscuridad del
pecado, son restituidos a la gracia y son agregados a los
santos.

Esta es la noche en que, rotas las cadenas de la muerte,
Cristo asciende victorioso del abismo. ¿De qué nos ser-
viría haber nacido si no hubiéramos sido rescatados?».
Gracias, Jesús, tu amor por mí quedaría incompleto si
solo me hubieras creado; además me posibilitas con la so-
breabundancia de tu gracia mi felicidad aquí en la tierra y
luego el cielo para siempre.

2. Es una Noche –un Día– para rezar, para exultar. Verdaderamente hemos de profundizar en el Misterio de la
Resurrección, quicio absoluto de nuestra fe. «¡Qué asombroso beneficio de tu amor por nosotros! ¡Qué incomparable ternura y caridad! ¡Para rescatar al esclavo, entre-
gaste al Hijo! Necesario fue el pecado de Adán, que ha

sido borrado por la muerte de Cristo. ¡Feliz la culpa que mcrcció tal Redentor!». Hemos de pasmarnos ante estas afirmaciones que escuchamos: valemos toda la Sangre de Jesús. El Padre no escatimó en amor para salvarnos, colocándonos en el lugar destinado para nosotros antes de la creación del mundo: la santidad.

Se cantan solemnes el Gloria y el Aleluya, himnos de fiesta y alegría; el primero, acompañado del repique de campanas. El Evangelio nos narra el acontecimiento histórico y cierto de la Resurrección de Jesús. Y tras la homilía, la bendición del agua y la renovación de las promesas del Bautismo. «Sí, renuncio», resuena atronadora la respuesta en nuestras iglesias; renunciamos al pecado, hacemos el firme propósito de luchar contra las tentaciones, proponemos no volver a caer en las garras del enemigo... Pero no lo hacemos solos; a continuación, afirmamos otras tres veces nuestra fe en la Santísima Trinidad. «Sí, creo», más fuerte y poderoso que las tres anteriores. La Resurrección de Cristo nos otorga una fuerza sobrenatural, con Él podemos –como los discípulos, hijos de Boanerges–...Y recordamos nuestro Bautismo, el inicio de nuestra filiación divina, el comienzo de nuestra adhesión a la Santa Iglesia. Mientras el sacerdote va rociando con agua a los fieles presentes, es un buen momento para renovar nuestro interior: «Gracias, Dios mío, por el don de la fe. Haz que nunca me aparte de Ti. Que viva y muera como un hijo fiel en el seno de mi Madre, la Iglesia». Y continúa la Misa como siempre... pero esta Noche es distinta.

3. Aquellas mujeres, como nos narra el Evangelio, «encuentran la tumba vacía, el cuerpo de Jesús no está allí, algo nuevo ha sucedido, pero todavía no queda claro: suscita interrogantes, causa perplejidad, pero sin ofrecer una respuesta. Y he aquí dos hombres con vestidos resplandecientes, que dicen: *¿Por qué buscáis entre los muertos al que vive? No está aquí, ha resucitado* (*Lc* 24, 5). Lo que era un simple gesto, algo hecho ciertamente por amor –el ir al sepulcro–, ahora se transforma en acontecimiento, en un evento que cambia verdaderamente la vida. Ya nada es como antes, no solo en la vida de aquellas mujeres, sino también en nuestra vida y en la historia de la humanidad. Jesús no está muerto, ha resucitado, es el Viviente. No es simplemente que haya vuelto a vivir, sino que es la vida misma, porque es el Hijo de Dios, que es el que vive. Jesús ya no es del pasado, sino que vive en el presente y está proyectado hacia el futuro, Jesús es el *hoy* eterno de Dios. Así, la novedad de Dios se presenta ante los ojos de las mujeres, de los discípulos, de todos nosotros: la victoria sobre el pecado, sobre el mal, sobre la muerte, sobre todo lo que oprime la vida, y le da un rostro menos humano. Y este es un mensaje para mí, para ti, querida hermana y querido hermano. Cuántas veces tenemos necesidad de que el Amor nos diga: ¿Por qué buscáis entre los muertos al que está vivo? Los problemas, las preocupaciones de la vida cotidiana tienden a que nos encerremos en nosotros mismos, en la tristeza, en la amargura..., y es ahí donde está la muerte. No busquemos ahí a Aquel que vive. Acepta entonces que Jesús Resucitado entre en tu vida, acógelo como amigo, con confianza: ¡Él es la vida! Si hasta ahora has estado lejos de Él, da un pequeño paso: te acogerá con los brazos abiertos. Si eres indiferente, acepta arriesgar: no quedarás decepcionado. Si te parece difícil seguirlo, no tengas miedo, confía en Él, ten la seguridad de que Él está cerca de ti, está contigo. Te dará la paz que buscas y la fuerza para vivir como él quiere»[1].

---

[1] PAPA FRANCISCO, *Homilía de la Vigilia Pascual* (30-3-2013).

DOMINGO DE PASCUA DE LA RESURRECCIÓN DEL SEÑOR CICLO C

1. La costosa noticia de la resurrección.
2. Este es el día en que actuó el Señor.
3. La fe es tener un trato real y personal con Jesucristo.

1. A los apóstoles les costó creer que el maestro había resucitado. Lo vemos en el evangelio de hoy: lo primero que piensan es que han robado el cuerpo del sepulcro. La resurrección no entraba en sus esquemas. Para ellos toda resurrección era más bien un acontecimiento espiritual, al final de los tiempos... No entendían nada cuando Jesús les decía que al tercer día resucitaría. Era casi imposible que lo comprendieran.

Nosotros lo hemos escuchado tantas veces que hasta puede parecernos normal que aquella mañana de domingo la tumba estuviera vacía y Cristo hubiera resucitado pero... ¿nos lo creemos de verdad?

Imagínate que esta mañana vas a comprar el periódico, y te llama la atención ver que la primera página de todos los diarios sorprende con una única noticia; es la misma portada en toda la prensa. Resulta que unos investigadores suizos han descubierto el cuerpo de Jesús, que estaba escondido en un remoto lugar de Siria, y después de años de investigación han dado con Él. Afirman que no hay margen de error: es el cuerpo de Jesús.

¿Qué pensarías? ¿En qué quedaría tu fe? ¿Seguirías creyendo ? Porque, es bueno advertirlo, si te da igual que Cristo haya resucitado o no, entonces sigues a un maestro, a un doctor, a un sabio... pero no a Jesucristo.

2. Muchas cosas hizo el Verbo de Dios cuando pasó aquellos treinta y tres años entre los hombres. Nos hemos admirado viendo sus curaciones cuando caminaba por Galilea o enseñaba en las Sinagogas: endemoniados, paralíticos, ciegos, cojos, sordos... reconocieron en su vida la acción misericordiosa del salvador. También incluso algunos muertos, como el hijo de la viuda de Naín o su amigo Lázaro. Jesucristo caminaba por en medio de su gente como el médico de la vida que repartía su ciencia a cuantos se encontraban aquejados por la enfermedad.

Nos enamoran, además, sus enseñanzas: es Jesús, que habla profundo, que comprende siempre, que reprocha a veces. Palabras verdaderas, palabras sencillas, ejemplos comprensibles: un caudal inagotable de doctrina para que los hombres tengan vida.

Aún más llamativa, si cabe, es su divina capacidad de hacerse cargo de nuestras cosas. Entonces descubrimos a Jesús que se admira por la fe del centurión expresadas en palabras henchidas de abandonado amor: *Basta que lo digas de palabra y mi criado quedará sano.* Vimos a Jesús compadecerse de aquella mujer, enferma de años, que se había gastado su fortuna en médicos para no encontrar solución... ¡Qué amable el rostro verdaderamente humano de Jesús!

Este es el día en que actuó el Señor, sea nuestra alegría y nuestro gozo, rezamos hoy con el Salmo. Hoy, resucitando, actuó el Señor. En aquellas obras, en aquella enseñanza, Cristo comunicaba algo de sí mismo. Hoy nos lo muestra todo y se revela absolutamente; porque hoy, resucitado, llegamos al convencimiento de quién es Jesucristo, verdadero Dios y verdadero hombre.

3. Jesucristo vive. Esa fue la conciencia de los primeros cristianos y esta es la verdad; esta es la persuasión de la Iglesia de todos los tiempos: Jesucristo vive para siempre, siendo el acontecimiento más real de la historia. Su cuerpo no estaba en el sepulcro aquel domingo y no se encontrará jamás en tumba alguna. Nunca. Si alguien dijera lo contrario, miente.

Resucitó en cuerpo glorioso y nos acompaña con la mirada puesta en cada uno de nosotros en todo momento. Ahora. Sí. Vive.

Si alguien quiso hacer del cristianismo sencillamente un conjunto de normas, o una especie de formulario de buena conducta... se equivocó. La fe es creer que puedo tener un trato personal y real con Jesucristo, aquí y ahora, hoy; que mi amistad con Él puede ser más fuerte que con cualquiera de mis amigos; que mi amor a Cristo está llamado a ser mayor que cualquier amor de la tierra.

¿Quién podrá apartarnos del amor de Cristo?: ¿la aflicción?, ¿la angustia?, ¿la persecución?, ¿el hambre?, ¿la desnudez?, ¿el peligro?, ¿la espada?, como dice la Escritura: *Por tu causa nos degüellan cada día, nos tratan como a ovejas de matanza. Pero en todo esto vencemos fácilmente por aquel que nos ha amado. Pues estoy convencido de que ni muerte, ni vida, ni ángeles, ni principados, ni presente, ni futuro, ni potencias, ni altura, ni profundidad, ni criatura alguna podrá apartarnos del amor*

de Dios manifestado en Cristo Jesús, Señor nuestro (*Rm* 8, 35-39).

El día en que puedas repetir en primera persona estas encendidas palabras de san Pablo, ese día podrás afirmar que Cristo vive realmente para ti. Pídele de corazón al Señor que ese día empiece hoy.

LUNES DE LA OCTAVA DE PASCUA

1. Una riqueza tan grande que hay que detener
el tiempo para tratar de abarcarla.
2. Nada ha cambiado, pero todo es diferente.
3. Releer la propia vida bajo una nueva luz.

1. Hay cosas en la vida cuya riqueza hace que sea imposible percibirla de una sola vez. Sucede con las obras maestras del arte, solo al volver una y otra vez sobre ellas se puede abarcar algo –nunca agotar– de su belleza. Quizá tengas experiencia de ello, aquel cuadro visto decenas de veces o esa pieza musical tan escuchada que la sabes casi de memoria, pero que siempre tiene algún matiz nuevo que descubrirte o una variación melódica que mostrarte. Imagina cómo será entonces con las obras maestras de Dios, entre las cuales la resurrección ocupa un lugar destacado. Por eso la Iglesia te pone delante este tiempo de Pascua, cincuenta días para que celebres debidamente este acontecimiento y puedas asomarte a toda su riqueza.

Pero si la Pascua entera está dedicada a la celebración del misterio pascual de Cristo, su primera semana –esta, en la que nos encontramos– tiene todavía una mayor densidad. Esta semana, la de la Octava de Pascua –se llama así porque cuenta los ocho días desde el Domingo de Resurrección– es algo así como un desplegable de ese gran domingo en que Cristo resucitó. Como es imposible abarcar todo en un solo día y en una selección de lecturas, la misa de estos días nos irá presentando las diferentes apariciones del Señor y todo lo sucedido en torno a ese primer día de la semana. Es como si el tiempo se detuviera para que tú y yo podamos captar de este misterio tan grande cuanta riqueza seamos capaces.

Por eso contempla esta semana con admiración y alegría la resurrección de Cristo y el modo en que fue vivida por aquellos primeros hermanos tuyos. Es como ver, emocionado, fotos o videos de familia de aquellos momentos alegres, especiales, que han dado la fisonomía y el toque particular a tu hogar. Como ver uno de esos videos que se preparan con ocasión de las bodas, y también de las ordenaciones sacerdotales, en que se repasan diversos momentos de las vidas de los protagonistas. Estos días es como si la Iglesia te pusiera orgullosa el video con aquellas escenas emocionantes del momento más importante de la historia de la humanidad. Aprovecha la ocasión.

2. La resurrección supuso para los discípulos un sobresalto de alegría, lo ves en el evangelio de hoy. Cristo dice a aquellas mujeres, que volvían del sepulcro con un mensaje del ángel que se les había aparecido: *Alegraos. Ellas se acercaron, le abrazaron los pies y se postraron ante él* (*Mt* 28, 9). Su alegría nace de que vuelven a tener consigo al Señor. Es la alegría que tenían antes, aunque quizá sin reparar en ella y no tan efusiva, cuando le acompañaban por los caminos de Judea; la alegría que les impulsó a seguirle cuando les llamó para estar con Él. La resurrección les devuelve esa alegría multiplicada. Como antes, lo que da sentido a su vida es estar y seguir al Maestro, y su alegría: tenerle con ellos.

Pero, entonces, ¿qué ha cambiado con la resurrección? Puedes responder que nada: la vida del discípulo sigue siendo seguir y estar con Jesús. Pero también hay que decir que cambia todo: porque la presencia de Jesús tiene, a partir de la resurrección, una modalidad diferente. Antes era evidente donde encontrar al Señor, su presencia se limitaba al lugar físico donde estuviera corporalmente. Ahora lo primero es saber dónde encontrarle, porque Él se les aparece pero sin quedarse como antes corporalmente con ellos. Si lo piensas bien aquellos primeros discípulos, acostumbrados a encontrar y seguir a Jesús a través de su cuerpo físico, tienen ahora que plantearse el mismo problema que tú y que yo: para seguir al Señor resucitado lo primero es saber dónde encontrarle.

Están ante un nuevo comienzo. Por eso han de ir a Galilea, como les manda Jesús (cfr. *Mt* 28, 10). Porque en Galilea empezó todo, porque allí fue donde Él les llamó por primera vez. Han de ir al lugar de los comienzos para reemprender de un modo nuevo su historia con Jesús. Es una llamada a releer todo ese camino realizado desde la perspectiva en que se encuentran ahora, desde el triunfo de Cristo muerto y resucitado. Pienso que muchas de las anotaciones de los evangelios que nos dicen cosas sobre cómo se refería a su pasión, pero ellos no entendían; o hablaba del templo de su cuerpo al decir que levantaría en tres días el templo destruido,

23

son fruto de este releer la historia vivida con Jesús bajo la luz nueva de la resurrección.

3. Ve tú también a Galilea, allí encontrarás a Jesús. Haz también esa relectura de tu vida a la luz de la victoria de Cristo. Vuelve sobre los momentos más significativos de la historia –verdadera historia de amor– que Dios ha hecho contigo. Piensa en cómo te salió al encuentro, quizá muy joven –incluso te cuesta recordarlo– a través de tu familia o de personas que te hablaron de Él y te pusieron en el camino del amor y la piedad. ¡Cuánto has de agradecer a esas personas y a Dios que las puso para ti en tu camino! O quizá te llamó más tarde, y recuerdas perfectamente ese encuentro que te derribó de tu soberbia, como a Pablo, y que incluso te dolió y desconcertó, pero que hirió de amor tu alma para siempre.

Cómo te ayudará ir al comienzo de tu historia con Jesús y a sus momentos más significativos a buscar la frescura y la fuerza del inicio cuando veas que te invade la tibieza. Y también te será de gran ayuda ante un momento importante, una decisión trascendente o una contrariedad en el alma. Porque volver a esa historia es hacer memoria de las maravillas que ya ha realizado contigo y así alimentar la esperanza en las que realizará de nuevo.

Vuelve entonces con tu memoria sobre esta historia bendita, que es la de Jesús contigo, y mírala como un fruto auténtico de la resurrección de Jesús que al levantarse victorioso sobre la muerte te ha alzado consigo.

MARTES DE LA OCTAVA DE PASCUA

1. Admírate por un amor a Jesús tan grande.
2. Elegida porque mucho lo amaba.
3. María Magdalena fue apóstol de apóstoles.

1. Hay personajes en el evangelio verdaderamente deliciosos cuya contemplación ensancha el alma y edifica enormemente nuestras vidas. Ejemplos de una humanidad desbordante capaz de alcanzar cimas muy altas en el amor y la entrega. Uno de esos personajes es María la Magdalena. Había acompañado a Jesús en sus idas y venidas predicando el reino y había resistido junto a María la Madre de Jesús y a san Juan al pie de la cruz el amargo trago de la pasión.

María la Magdalena es sin duda una de las protagonistas de aquel primer día de la semana. Ella fue quien dio la alarma al encontrarse muy de mañana el sepulcro vacío. Hoy el evangelio te presenta la escena de María que ha vuelto del Cenáculo, donde ha contado que el sepulcro está abierto y no hay rastro del cuerpo de Jesús, y está, junto al sepulcro, fuera, llorando (cfr. *Jn* 20, 11).

Llora desconsolada porque no podrá ni tan siquiera tener ese último gesto de amor hacia Jesús de embalsamar su cuerpo. A eso había ido muy temprano y ahora espera desolada sin comprender nada de lo que sucede. Y por eso permanece allí, junto al lugar donde dejaron a Jesús tres días antes. ¡Qué amor tan grande el de aquella mujer por el Maestro! Hasta tal punto, que es ejemplo y maestra para nosotros, porque ella tuvo un amor inmenso por Cristo y a la vez fue muy amada del Señor. Por eso estuvo junto a la cruz, y por eso está ahora junto al sepulcro. Su amor la lleva adonde esté el Maestro. Ponte en el lugar de María y aprende de su corazón este amor limpio, noble, generoso; te será de gran provecho. Aguarda con ella junto al sepulcro, porque sus lágrimas –y las tuyas– serán tornadas en júbilo por Aquel al que no hay que buscar entre los muertos pues vive para siempre.

2. María quería mucho a Jesús y era muy querida por el Señor. Su fidelidad hasta la cruz no podía quedar sin recompensa. Su amor no podía verse desairado. Por eso el Señor tiene con ella la delicadeza de elegirla para ser la primera a quien se aparezca –excepto su Madre, a quien según la tradición visitó con la primera luz del alba–. Pero detente a contemplar ese encuentro maravilloso que te narra el evangelista san Juan.

María, tras un breve diálogo con dos ángeles, *se vuelve y ve a Jesús, de pie, pero no sabía que era Jesús. Jesús le dice: «Mujer, ¿por qué lloras?, ¿a quién buscas?»* (*Jn* 20, 14-15). Ya, en la primera aparición, puedes observar cómo la resurrección de Jesús no es una vuelta sin más a la vida anterior. No es como la resurrección de Lázaro o de la hija de Jairo que supuso una vuelta a la existencia que tenían antes. Cristo resucitado ha sido glorificado, su cuerpo es cuerpo glorioso. No está sujeto ya a las limitaciones del tiempo y del espacio. Y para reconocerlo no basta la simple mirada. Por eso María se confunde y *tomándolo por el hortelano le contesta: «Señor, si tú te lo has llevado, dime donde lo has puesto y yo lo recogeré»* (Jn 20, 15). Solo reconoce a Jesús cuando escucha su voz que la llama por su nombre: *¡María!* Entonces su alma se llena de alegría y exclama: *«¡Rabboni!», que significa: ¡Maestro!* (Jn 20, 16). ¡Qué alegría inundaría su alma! Ella, que lloraba desconsolada porque pensaba que se habían llevado el cadáver de Jesús, escucha de nuevo su nombre pronunciado con tanto cariño por Aquel que tanto quería. Si has compartido sus lágrimas al ver a Cristo ultrajado en la cruz, comparte también su alegría.

3. Jesús se aparece a María por el gran amor que ésta le tenía y por su fidelidad inquebrantable, pero no se detiene ahí. El Señor la ha elegido, precisamente por eso, para ser la primera testigo de su resurrección. Así nos lo cuenta san Juan: *Jesús le dice: «No me retengas que todavía no he subido al Padre. Pero, anda, ve a mis hermanos y diles: "Subo al Padre mío y Padre vuestro, al Dios mío y Dios vuestro"». María la Magdalena fue y anunció a los discípulos: «He visto al Señor y ha dicho esto»* (Jn 20, 17).

La aparición, siendo un gesto de cariño y delicadeza de Jesús para con ella, no es solo para ella. Por eso dice a María que no le retenga. Por mucho que quiera a Jesús, María sabe que no es solo para ella, que Jesús ha regresado del reino de las sombras para traer vida a todos. Así suele ser en todo lo que por su misericordia recibimos de Jesús. Lo que Él te da, lo que te hace gustar, la ayuda que te ofrece, sí son para ti, para tu santidad y tu felicidad, pero también son para que compartas con los demás el fruto de lo recibido. Por eso María debe ir a anunciar a los demás lo que le ha sucedido y comunicarles el mensaje de Jesús, para que así ellos tengan también la misma alegría en el corazón que el Señor ha puesto en el suyo.

No pases por alto la gran libertad de Jesús para elegir como primer testigo a una mujer –cuyo testimonio carecía de validez legal en aquel tiempo– y, además, una mujer de reputación dudosa, pues de ella se dice que echó siete demonios (cfr. *Mc* 16, 9). Jesús elige a quien quiere y como quiere, pues Él ve los corazones. Y eligió a María por su gran amor para ser, como ha dicho la tradición *apóstol de apóstoles*. Ella, la primera en ser testigo de la resurrección, llevó la noticia a los demás que debían ser testigos y a los que el Señor se aparecería más tarde. Qué buen ejemplo del que aprender, con humildad, que el apostolado nace de un amor encendido a Cristo y de la elección del amor de Dios.

MIÉRCOLES DE LA OCTAVA DE PASCUA

1. La decepción de creer poco y a medias.
2. Sin embargo, Jesucristo sigue caminando con nosotros.
3. ¡Quédate con nosotros!

1. Esto era lo que creían entonces: que el testimonio de las mujeres no valía absolutamente para nada. Nunca un judío habría llamado en un juicio a una mujer como testigo porque, así de claro, considerarían su testimonio como inútil. De modo tan equivocado razonaban los hombres... y quizá por demostrar la sólida validez de la palabra de las mujeres se apareció Jesucristo primeramente a ellas. Conviene no olvidarlo: ellas fueron las primeras testigos –fuertes, valientes– de la resurrección de Cristo. Pero, estando así las cosas... ¿quién iba a creerlas?

En el evangelio de la Misa de hoy, contemplamos a dos discípulos que, al menos al inicio, no dieron crédito a las mujeres. En realidad, casi nadie las creyó.

Todo Jerusalén y sus alrededores está patas arriba. Los romanos han reforzado la seguridad, los fariseos comienzan a sospechar que los apóstoles han tramado algo robando el cuerpo de Jesús... la región entera anda revuelta. Lo mejor es volverse a casa. Así pensaron los discípulos de Emaús.

Sus almas estaban sumidas en una decepción altísima. Volvían tristes, decepcionados... e incluso enfadados. Habían dejado gran cantidad de cosas para seguir... a un crucificado. «Maldito el que pende de la cruz», reza el *Deuteronomio* (21, 23), y malditos nosotros –dirían ellos– que hemos seguido a este desgraciado.

En un cruce cualquiera de caminos, un nuevo transeúnte se une a los dos caminantes. Va envuelto en su túnica: el sol está en mediodía y abrasa. Un galileo se interpone en el camino de los de Emaús; lo denota su acento. Este misterioso personaje parece haber habitado en otro mundo al manifestar su ignorancia sobre lo acaecido. Los discípulos le explican someramente lo sucedido, siendo incapaces de reprimir su inmensa tristeza: esperábamos todo de Él y ya ves, al final nada y menos que nada. Un fracaso. Un adiós. Una pena.

Y así los de Emaús sufrían la decepción propia del alma que cree poco... y a medias.

2. Jesús ya no existe. Jesús ya no es. Jesús: una realidad pasada. Eso pensaban.

«Jesús, que fue un profeta poderoso... ¡Que fue!... ¡y lo tienen al lado, está caminando con ellos, está en su compañía indagando la razón, las raíces íntimas de su tristeza! Que fue... dicen ellos. Nosotros, si hiciéramos un sincero examen, un detenido examen de nuestra tristeza, de nuestros desalientos, de nuestro estar de vuelta de la vida, encontraríamos una clara vinculación con este pasaje evangélico. Comprobaríamos que espontáneamente decimos "Jesús fue...", "Jesús dijo...", porque olvidamos que, como en el camino de Emaús, Jesús está vivo a nuestro lado ahora mismo. Este redescubrimiento aviva la fe, resucita la esperanza, es hallazgo que nos señala a Cristo como gozo presente: Jesús es, Jesús prefiere; Jesús dice; Jesús manda, ahora, ahora mismo»[1].

Jesús vive. Jesús está presente. Hizo falta un poco de tiempo más para que los discípulos de Emaús fueran conscientes de su presencia. Entonces sí, el miedo se les pasó, la desesperanza se deshizo y volvieron de inmediato a Jerusalén, sin importarles los romanos, los judíos o los peligros de la noche. Llegarán al Cenáculo y dirán a los demás: *hemos visto al Señor y nos ha dicho esto*.

¿Cuánto tiempo necesitaremos para reconocerlo también nosotros?

3. Los discípulos se detuvieron e invitaron a aquel desconocido caminante a permanecer con ellos. Se hacía de noche y ya se sabe, no conviene caminar oscuro: bandidos y alimañas pueden frustrar el propósito de llegar a meta. Mejor cenar tranquilos y dormir algo.

Algo más que la prudencia invitaba a los discípulos a rogar al divino caminante que permaneciera con ellos. La vibrante conversación que habían mantenido había hecho arder sus corazones, como bien reconocerán más adelante. Les había explicado todas las Escrituras: es imponente pensar que aquella tarde fue Dios mismo quien interpretó el texto sagrado... ¿habrá cosa más maravillosa? Dios exponiendo Su palabra. Nuestro corazón, como el de los discípulos, se sobrecoge en la sola consideración del hecho: Dios que habla de sí mismo.

---

[1] A. García-Dorronsoro, Dios y la gente, 103.

Quédate con nosotros, porque atardece y el día va de caída. No sabían que era Cristo, pero percibían perfectamente lo bien que se está con Él. Les había devuelto el ánimo. Habían recobrado la esperanza. Su corazón ardía de nuevo.

El momento debió ser sublime. *Y entró para quedarse con ellos. Sentado a la mesa con ellos, tomó el pan, pronunció la bendición, lo partió y se lo dio. A ellos se les abrieron los ojos y lo reconocieron. Pero él desapareció. Ellos comentaron: «¿No ardía nuestro corazón mientras nos hablaba por el camino y nos explicaba las escrituras?»* (*Lc* 24, 29-32).

«Al terminar nuestra oración también le decimos nosotros a Jesús: Quédate con nosotros porque se hace de noche. Quédate con nosotros, Señor, porque sin Ti todo es oscuridad y nuestra vida carece de sentido. Sin Ti andamos desorientados y perdidos. Y contigo todo tiene un sentido nuevo: hasta la misma muerte es otra realidad radicalmente diferente. *Mane nobiscum, quoniam advesperascit et inclinatus est iam dies.* Quédate, Señor, con nosotros...»[2].

---

[2] FERNÁNDEZ DE CARVAJAL, *Hablar con Dios* II, 407

JUEVES DE LA OCTAVA DE PASCUA

1. El temor ante lo sobrenatural.
2. Jesús resucitado es fiel a la historia vivida.
3. Si Cristo no se desentiende del mundo tú tampoco puedes hacerlo.

1. Seguimos aquel «primer día de la semana» tan intenso; esta vez san Lucas, en el evangelio de la misa de hoy, nos cuenta lo sucedido caída ya la noche. Acaban de regresar los dos de Emaús llenos de alegría contando con entusiasmo lo que les había sucedido en el camino cuando *Él se presentó en medio de ellos y les dice: «Paz a vosotros». Pero ellos aterrorizados y llenos de miedo, creían ver un espíritu. Y Él les dijo: «¿Por qué os alarmáis?, ¿por qué surgen dudas en vuestro corazón? Mirad mis manos y mis pies soy yo en persona»* (*Lc* 24, 36-39).

Quizá te llame la atención que después del relato de los de Emaús, de la aparición a María Magdalena y de los demás acontecimientos de ese día, la primera reacción de los que se encuentran congregados en el Cenáculo cuando se les aparece Jesús sea el temor y la duda. Más aún los dos de Emaús que acaban de estar con Él en el camino y les ha hecho recuperar la fe y la esperanza. Sin embargo, lo sobrenatural es siempre sobrecogedor. Y la resurrección de Jesús, aunque siendo un acontecimiento sucedido en la historia, va más allá de la historia y la vida de este mundo. Ante lo sobrenatural, y en particular ante el Hijo de Dios cuando se muestra glorificado, es normal el temor y el temblor por vernos tan pequeños.

Pídele al Espíritu Santo que te conceda el santo temor de Dios. No es miedo o terror, como el que se puede tener por lo desconocido o por el malvado, sino el saberte y sentirte pequeño, diminuto, insignificante, ante la grandeza y el poder de Dios. Pide experimentar ese temblor que es percibir la fragilidad de tu ser y lo efímero de tu vida frente a la potencia divina y su magnificencia.

2. Pero volvamos a lo que sucede en el Cenáculo. Jesús les muestra sus manos y sus pies, les muestra las llagas como señal inequívoca de que es Él en carne y hueso, el mismo que colgó del madero apenas tres días antes. La resurrección de Jesús es el comienzo de una vida nueva, de una etapa nueva para sus discípulos y los que vendrán después. Pero no es algo separado de su muerte: la resurrección permanece íntimamente unida a su Pasión y a toda su vida terrena. Las llagas gloriosas son la prueba de la fidelidad del resucitado a la historia vivida. Cristo, ahora glorificado, no se desentiende de todo lo vivido. Lleva las marcas de su entrega en la cruz, que son marcas de amor, memoria viva de todo lo amado, de todo lo sufrido. Glorificadas, pero llagas, marcan esa unidad de identidad del crucificado y del resucitado. No puede entenderse separadamente al resucitado del crucificado, la pasión de la gloria, la cruz del sepulcro vacío ni, tampoco, pueden vivirse por separado.

Las llagas de Cristo resucitado son testimonio del valor de lo vivido en este mundo. Todo lo que amas, todo por lo que luchas, también lo que sufres y padeces, no es en vano, no se desvanece con la muerte ni desaparece en la vida futura. Al contrario, importa y tiene su repercusión en el cielo. No dejes de admirarte por ello. Dios ha tomado tan en serio tu vida, tus cosas, tus alegrías y tristezas que no quiere que se pierdan en la bruma. Si en tal consideración ha tomado Jesús el valor de los actos de tu voluntad, el valor de tu historia aquí en la tierra, ¿no deberás tenerla tú en una consideración semejante? Piénsalo bien; el camino que haces aquí en la tierra no solo puede llevarte al cielo, sino que tu entrega, tu amor y tu sufrimiento a lo largo de ese camino dejan su huella en ese cielo, como quedó marcado el cuerpo glorioso del Señor por las benditas llagas de su pasión.

3. Algunos han acusado al cristianismo de despreciar la vida terrena y refugiarse en la esperanza de la eterna. Incluso hay quien ha llegado a culpar a Jesucristo y sus discípulos de destruir todo lo bello del mundo al despreciarlo en pos de la eternidad. Tal es el caso de Nietzsche, por ejemplo, cuando dice «La decisión cristiana de considerar que el mundo es feo y malo ha hecho al mundo feo y malo». No es objeto de un rato de oración entrar en discusión de si tiene razón o no el pensador alemán cuando dice esto, pero sí puede ayudarnos a pensar en esta cuestión decisiva de la relación entre esta vida y la venidera, de la importancia de la primera en relación a la segunda.

A la vista del significado de la resurrección para las cosas de la tierra, y de las llagas gloriosas de Jesús en relación a su historia terrena, que venimos considerando, es claro que un cristiano no puede en absoluto despreciar la vida presente y el destino del mundo. Y, en este sentido, no podemos –no puedes– abdicar de tu compromiso con los demás y con su destino, de tu compromiso con toda la creación que, no lo olvides, está destinada a participar de la gloria de Dios manifestada en la resurrección de Jesús.

De ningún modo podemos considerar feo y malo algo que ha salido de las manos de Dios y por cuya redención Cristo derramó su sangre en la cruz. Pero es verdad que a la luz de la muerte y resurrección de Jesús toda la creación adquiere un nuevo sentido y todo es juzgado de manera distinta. Precisamente, porque las cosas de este mundo importan de cara a la vida eterna, al juzgarlas hay que tener en cuenta no solo criterios mundanos. Y así, la salud, el bienestar, incluso la propia vida, no son un absoluto para quien sigue al resucitado, porque Él nos enseña que hay algo más valioso en esta vida: el amor, la entrega, el don de sí. Que la visita de Jesús resucitado trastoque tu manera de juzgar para dejar de hacerlo con criterios mundanos y empezar a aplicar los criterios del cielo.

VIERNES DE LA OCTAVA DE PASCUA

1. La vida pone a prueba tu sí al Señor.
2. Madurar no exige entrar en crisis.
3. No olvides tu fragilidad.

1. El evangelio de hoy está tomado del último capítulo de san Juan. Es un capítulo extraordinariamente rico por las imágenes y los diálogos entre Jesús y los suyos, especialmente con Pedro. Los hechos transcurren en Galilea, donde el Señor les mandó que fueran, allí anunció que le verían (cfr. *Mt* 28, 10). Pedro, los Zebedeos, Tomás y algunos más están en el lago de Tiberíades, el que fue su hogar, donde durante tanto tiempo trabajaron como pescadores. Allí fue donde Jesús, tres años atrás les llamó por primera vez. Cristo ha querido que vayan al lugar donde le dijeron por primera vez que sí.

No es que haya que comenzar de cero, o que aquel primer sí no fuera verdadero, pero la resurrección de Jesús hace necesario que vuelvan a pronunciarlo de nuevo. Así sucede en ocasiones a lo largo de la vida. Hay situaciones que ponen a prueba tu sí, el sí que le dijiste a Dios. Ya sea el sí a entregarte en el sacerdocio, en la vida religiosa, en el celibato en medio del mundo o en la vida matrimonial; o el sí a una vida cristiana más intensa, más comprometida, más en serio. La vida nos pone a prueba, como puso a prueba a los discípulos de Jesús con su pasión, muerte y resurrección.

Él quiere llevarlos al lugar donde empezó todo para que renueven el sí que le dieron tiempo atrás. La prueba ha pasado, es el momento de mirar hacia delante agradeciendo el pasado y confiando en Jesús. ¡Qué bueno si aprendes que esta es la manera de afrontar esas ocasiones de la vida en que se te pone a prueba! Con fidelidad al camino realizado y confiando en Jesús que te llama a volver a Galilea, al lugar donde todo comienza.

2. Antes de continuar con el pasaje del evangelio de la misa de hoy, querría que te detuvieras un momento en considerar –para que se entienda bien– lo que te decía antes acerca de esas ocasiones en que hemos de volver a decir sí a Jesús. En primer lugar, si lo piensas, esto es la constatación de un hecho: la vida pone a prueba tu sí; algo que no es malo, sino que, al contrario, puede constituir una oportunidad para crecer y para renovar tu entrega a Dios. No tiene nada que ver con la teoría, lamentablemente tan extendida, de que para crecer o avanzar en la vida el único modo de hacerlo es a través de crisis. Como si la crisis fuera de por sí el factor de maduración. O como si solo tropezando pudieras ir más allá en tu camino.

Una cosa es que la vida pone a prueba, eso es indudable, y posiblemente tendrás ya experiencia de ello y si todavía no la tienes, tranquilo, solo es cuestión de tiempo. Y otra muy distinta que haya que tropezar, caer o entrar en crisis para madurar. Si por ventura y gracia de Dios no has atravesado una crisis grave en tu fe, sino que pacíficamente has vivido desde tu niñez una relación con Dios que ha ido creciendo y madurando como las demás cosas en tu vida, da gracias a Dios, es algo fantástico. Y sobre todo no dudes de la madurez o fortaleza de tu fe. No es, ni mucho menos, inferior a la que pueda tener un converso que ha vivido lejos de Dios por las razones que sean y vuelve, también por gracia de Dios, a creer en Él. La lejanía que uno haya podido tener de Dios o la crisis no miden la madurez de la fe, sino la sinceridad de tu sí cuando este se te pide de nuevo.

Tampoco dudes de la firmeza de tu decisión de entrega a Dios, sea cual sea la vocación a que Él te llama –o que quizá aun no conoces y ojalá desees y le pidas conocer–, porque no hayas probado cosas distintas o hayas llevado antes una vida lejos del Señor y de sus mandamientos. No hace ninguna falta haber caído en la amarga seducción de pecados graves para poder rechazarlos con madurez. Al contrario, si ha sido tu caso sabes que cuesta más rechazar aquello en lo que el enemigo ya nos venció una vez; pero ánimo, con la gracia puedes.

En resumen –creo que me entiendes– cada uno tiene su camino, aquel que hemos hecho con nuestra libertad y en el que Dios ha salido a nuestro encuentro. Dale gracias por Él. Si el Señor te ha rescatado de un abismo profundo dale gracias y continúa diciendo tu sí cada día. Si has sido, por merced de la voluntad divina, librado de grandes caídas, dale gracias también y busca permanecer fiel y corresponder a su gracia.

3. Pero volvamos al evangelio. Porque él nos enseña hoy, en la línea de lo que meditábamos antes, que lo decisivo no es si se ha caído o no, sino decirle que sí en la prueba.

De nuevo, en la escena que nos relata san Juan, han estado pescando toda la noche y no han cogido nada. Al amanecer Jesús desde la orilla les pide que echen la red a la derecha y encontrarán (cfr. *Jn* 21, 6). No saben todavía que es Jesús, pero el recuerdo de lo que pasó años atrás, cuando en la misma situación el Señor les pidió que se fiaran de Él y echaran la red, vendría a su memoria. Y como entonces, se fían y la echan. El resultado: una pesca abundante de peces grandes.

La experiencia de no pescar nada, aun siendo ellos expertos pescadores, les recuerda su fragilidad. La misma fragilidad que los llevó, a todos menos a Juan –que no por ello está exento de debilidad–, a abandonar a Jesús en la pasión. Solo son fuertes fiándose de Jesús, solo entonces su pesca encuentra peces. Ponte al lado de aquellos primeros y aprende con ellos esta lección magistral de la vida espiritual. Caigas o te mantengas en pie eres frágil, y la vida pondrá a prueba tu fragilidad y tu sí al Señor. Si quieres perseverar recuerda que solo fiándote de Jesús eres fuerte, solo siguiendo su palabra tu pesca será abundante.

SÁBADO DE LA OCTAVA DE PASCUA

1. Unos materiales singulares que son muy apreciados.
2. No poner resistencia, no perder nada.
3. Una fuerza que supera toda dificultad.

1. Hay algunos materiales, muy útiles para la ingeniería y la electrónica, que tienen la propiedad de conducir la corriente eléctrica sin resistencia ni pérdida de energía. Se los denomina superconductores. Usualmente estos materiales solo tienen esa propiedad a unas temperaturas extraordinariamente bajas, lo que hace muy caro su utilización. Por eso encontrar un superconductor «todo terreno», es decir que lo sea en casi cualquier condición de temperatura sería un negocio redondo. A estas alturas quizá te estés preguntando: ¿a qué viene este cuento de los superconductores? Pues a que el mensaje de Jesús a sus discípulos que nos transmite el evangelio de hoy podría resumirse en: sed superconductores de la vida que recibís.

No será muy poética, pero la imagen es muy descriptiva. Cristo pide de los suyos tras la resurrección que corran para comunicar la alegría de lo que ha sucedido. Sin que se pierda nada, sin dilación, y sin que medie cosa alguna: *Id al mundo entero y proclamad el evangelio a toda la creación* (*Mc* 16, 15). La urgencia de estas palabras del Señor se ve acentuada por el mismo relato de Marcos. Este evangelista, casi siempre el más conciso y directo, narra los acontecimientos de aquel primer Domingo de Resurrección con un ritmo aún más vertiginoso que el resto.

La resurrección de Cristo –lo pide Él mismo– ha de traducirse en una explosión de apostolado. No pienses que es algo encargado a otros. A ti también te concierne. Si bien es muy probable que el Señor no tenga previsto que dobles el mapa para ser su enviado, ten por seguro que sí ha pensado en ti para que lleves la alegría del evangelio a los que tienes más cerca: a tu familia, a tus amigos, a tus compañeros de estudio o trabajo.

2. Pero detengámonos algo más en la imagen del superconductor, porque te puede ser de provecho para considerar algunos rasgos del apostolado al que llama Jesús a todos sus discípulos –también a ti, no lo olvides–. Te decía antes que un superconductor se caracteriza por conducir la corriente eléctrica sin resistencia ni pérdida de energía. Dos propiedades que ojalá tengamos todos los superconductores del evangelio.

No poner resistencia. Se dice más fácil de lo que se hace. A priori nadie querría obstaculizar de ningún modo la transmisión del evangelio. Claro, eso es en la teoría, el problema viene en la práctica. Porque puedes ofrecer resistencia a comunicar la buena noticia de Jesús con tu mal carácter o tu falta de caridad. Son como verdaderos aislantes para la propagación del evangelio. No olvides que tu trato, tu forma de hablar, tu preocupación por los demás, son la conexión para que pueda llegar a través de ti el amor de Cristo hasta ellos. Cuida todo esto para no ofrecer resistencia. Otro tipo de resistencia pueden ser los respetos humanos, es decir, cuando nos avergonzamos de manifestarnos cristianos o de que se nos note o, bien, cuando no nos atrevemos a hacer o decir algo para no quedar significados. Hay más, sin duda, pero con que hoy medites ante el Señor si opones alguna de estas resistencias y le pides que te ayude a vencerlas ya habrás avanzado un buen trecho.

No perder energía. Es decir, que no se quede nada por el camino, que lo que comuniques sea lo que has recibido íntegramente, sin reducciones ni rebajas. Exige mantener la tensión por vivir cada día lo que has recibido de Dios, sin acomodarte, sin rebajar el evangelio a lo que puedes realizar con tus fuerzas.

Pídele a Dios esta capacidad de superconductor del evangelio. Y además de superconductor «todo terreno», sin que hagan falta condiciones determinadas o un entorno propicio y favorable. Que te dé igual la temperatura del ambiente, porque la temperatura adecuada la pones tú con tu alma encendida de amor a Cristo.

3. Fíjate en aquellos primeros apóstoles del Señor. Cómo vencieron sus propias resistencias y comunicaron el evangelio en toda su pureza. Se sobrepusieron a su propia debilidad y su falta de estudios y de formación cultural hasta el punto de causar sorpresa y admiración entre sus instruidos adversarios. Así lo refleja la lectura del libro de los Hechos de los Apóstoles de la misa de hoy: [Los miembros del Sanedrín] *viendo la seguridad de Pedro y Juan, y notando que eran hombres sin letras ni instrucción, estaban sorprendidos* (*Hch* 4, 13). Fiados en la palabra de Cristo y llevados por el Espíritu Santo no hay nada que se les resista.

No les detiene la prohibición que los jefes del pueblo les imponen de no enseñar ni predicar en nombre de Jesús. Con la audacia y la valentía que les da el Espíritu de Cristo responden: *¿Es justo ante Dios que os obedezcamos a vosotros antes que a él? Juzgadlo vosotros. Por nuestra parte no podemos menos de contar lo que hemos visto y oído* (*Hch* 4, 19-20). Cae en la cuenta de que no tienen conciencia de estar haciendo nada heroico, sino solo lo que tienen que hacer, lo que exige la grandeza de aquello de lo que son testigos.

Para Pedro y Juan, como para los demás apóstoles, anunciar el evangelio y dar testimonio de la resurrección no es solo un mandato de Cristo –con esto bastaría para verse impelidos a ello–, es también una necesidad. Ojalá descubras tú que es una necesidad también para ti, que ante las maravillas que Dios hace contigo no puedes menos que contar y anunciar la alegría del evangelio.

DOMINGO II DE PASCUA CICLO A

1. La incredulidad de Santo Tomás, la misericordia de Dios y la respuesta de la fe.

2. Tenemos todos los medios suficientes para creer.

3. La fe solo es posible «en» la Iglesia.

1. Las autoridades, encarnizadas persecutoras; los discípulos, temerosos... han tenido ocasión de estar con el resucitado, pero también han percibido el odio de muchos. Su fe es tan débil como grande la amenaza.

En el evangelio de hoy se satisface el deseo del Señor de fortalecer la fe de los discípulos. Se apareció en medio de ellos con un saludo de paz. Les mostró sus manos marcadas por los clavos y su costado abierto por la lanza. No cabe duda: ¡es Él!, ¡ha resucitado!, ¡no es un fantasma!, ¡ese es su mismo cuerpo! A la vez, esa corporalidad presenta unas características muy particulares, porque se ha presentado en medio de los ellos sin tocar a la puerta, siempre cerrada. Poco a poco, los apóstoles entienden algo de la resurrección y comprenden que Dios está con ellos, y que merece la pena dar la vida por Cristo: porque vive, porque es hombre, porque es Dios.

No obstante, en el episodio al inicio narrado, un apóstol no estaba; reaparecerá una semana después. No cree ni una palabra de lo que le dicen y desea tener la misma oportunidad que tuvieron los otros discípulos: si Pedro, Andrés, Santiago y todos los demás habéis visto las manos y el costado de Jesús –pensaría Tomás– ¿por qué yo no? Con esto imploraba, sencillamente, la misma oportunidad que el resto.

Sin embargo, se percibe cierta incredulidad por parte de este apóstol: el hecho de exigir no solo ver a Cristo sino de meter su dedo en el agujero de las manos y en la herida del costado. ¿Qué necesidad tenía? Parece que Tomás desconfiara de que Jesús pudiera aparecerse otra vez; y por eso mismo es, a la vez, irónico y combativo...

Jesucristo fue realmente misericordioso con él, dándonos una nueva prueba de humildad. Tomás, amigo mío... toma mis manos, mira mi costado... ¿por qué no crees? Hay gran amor en las palabras de Cristo, manso y sencillo. El apóstol también fue humilde en su respuesta, ofreciendo a todo hombre de todo tiempo la confesión más acabada de la divinidad del Maestro: *Señor mío y Dios mío*.

2. Nosotros, como los apóstoles, hemos recibido todo lo necesario para creer. Tenemos al Señor presente en todos los Sagrarios del mundo entero; podemos encontrarlo verdaderamente en cada iglesia, hablar con Él, tener trato de amistad sincera con Dios realmente presente en la Sagrada Hostia.

Sabemos, además, que nuestros pecados son perdonados cuando nos acusamos humildemente en la confesión y recibimos la absolución del sacerdote. *A quie-*

nes les perdonéis los pecados, les quedan perdonados; a quienes se los retengáis, les quedan retenidos (Jn 20, 23). Así instituyó Jesús el sacramento de la Penitencia al que acudimos con frecuencia, y en el que experimentamos la infinita y entrañable misericordia de Dios.

Pero no solo los sacramentos son prueba de nuestra fe; lo es también el testimonio de los santos. En ellos comprobamos cuánto de veraz es la fe porque los santos, con su vida, nos demuestran que Dios existe, que es Amor, que nos da el Espíritu Santo y que se ha revelado en Jesucristo. La existencia de esas personas representa un icono de la vida humana plenamente vivida que se caracteriza siempre por una alegría incontenible, una felicidad auténtica, una fuerza inextinguible, una sonrisa perenne. Lo hemos visto en Juan Pablo II, que fue un padre para todos los cristianos, en la fuerza de su predicación, en su paciencia ante la enfermedad, en su resignación ante los sufrimientos y en su lucha irrefrenable contra las injusticias. Lo hemos visto en la Madre Teresa, ejemplo de caridad, amor y dedicación a los más necesitados; una enamorada de Dios. Ellos, como todos los santos, vivieron todo y solo del amor de Dios, único capaz de llenar de paz el alma.

Muchas, casi infinitas, son las pruebas que muestran que Cristo vive. Basta tener ojos para verlo. Santo Tomás pidió más, y le fue concedido; y así nosotros tuvimos otro indicio para reconocer el amor de Dios.

No debemos tentar a Dios, como hizo el apóstol. Aprendamos de él a reaccionar prontamente, acojamos como propia su declaración de amor a Jesucristo («Señor mío y Dios mío»), y digámosle de todo corazón: Jesús mío, creo en ti; gracias por la Eucaristía, la confesión, la vida de los Santos... ¡gracias por todo! Señor mío, te pido que infundas en mi alma más amor y más confianza en ti, porque quiero que seas, como dijo santo Tomás, mi Dios y mi Señor.

3. La segunda razón que induce a pensar que Tomás adoleció de cierta incredulidad fue el simple hecho de que aquella tarde no estuviera con el resto de los discípulos. ¿Dónde te encontrabas, apóstol Tomás?

Debía ser, qué duda cabe, una persona llena de valor. Mientras el resto estaban refugiados por miedo, a Tomás no le importaba andar por la calle, estar en la plaza pública o participar de una reunión ajena al colegio de los apóstoles. En ningún caso debemos pensar que había renegado de la fe, porque, de ser así, no hubiera vuelto con el resto. Entonces, ¿qué estaba haciendo? No lo sabemos: quizá hoy tú lo descubras en tu oración si se lo preguntas...

Lo cierto es que para creer es necesario pertenecer a la Iglesia, estar en ella. Santo Tomás se separó de los apóstoles, y «perdió» temporalmente la fe. Se cree «en» la iglesia. Fuera de ella, complicado, ¿imposible? Lee y medita, para hacer tu propia respuesta, estas palabras de Benedicto XVI en la Misa en Cuatro Vientos, durante la Jornada Mundial de la Juventud de Madrid:

«La Iglesia no es una simple institución humana, como otra cualquiera, sino que está estrechamente unida a Dios. El mismo Cristo se refiere a ella como "su" Iglesia. No se puede separar a Cristo de la Iglesia, como no se puede separar la cabeza del cuerpo (cfr. *1 Co* 12, 12). La Iglesia no vive de sí misma, sino del Señor. Él está presente en medio de ella, y le da vida, alimento y fortaleza. Queridos jóvenes, permitidme que, como Sucesor de Pedro, os invite a fortalecer esta fe que se nos ha trasmitido desde los apóstoles, a poner a Cristo, el Hijo de Dios, en el centro de vuestra vida. Pero permitidme también que os recuerde que seguir a Jesús en la fe es caminar con Él en la comunión de la Iglesia. No se puede seguir a Jesús en solitario. Quien cede a la tentación e ir «por su cuenta» o de vivir la fe según mentalidad individualista, que predomina en la sociedad, corre el riesgo de no encontrar nunca a Jesucristo o de acabar siguiendo una imagen falsa de Él»[1].

---

[1] Benedicto XVI, *Jornada Mundial de la Juventud. Madrid 2011. Discursos, homilías y mensajes,* 117-118

DOMINGO II DE PASCUA CICLO B

1. Seguimos en aquel "primer día de la semana".
2. La bienaventuranza de la fe.
3. Más que una devoción.

1. El evangelio de hoy nos sitúa de nuevo en aquel «primer día de la semana» en que Jesús resucitó de entre los muertos. Los discípulos del Señor reunidos en el Cenáculo entorno a María están, nos dice san Juan, encerrados allí por miedo a los judíos (cfr. *Jn* 20, 19). No es de extrañar que se encuentren así. Sin Jesús es normal tener miedo. Por eso, cuando Él aparece en medio de ellos, lo primero que sucede es que se disipa ese temor por el don de la paz, de la verdadera paz interior, que les da el Señor resucitado. Y, en consecuencia, *se llenaron de alegría al ver al Señor* (*Jn* 20, 20). Cristo resucitado es la fuente de la paz y de la alegría, en Él la encontrarás siempre; no dejes de buscarla en Jesús, especialmente cuando más la necesites.

Y en seguida, una llamada a que comuniquen aquello que reciben: «*Como el Padre me ha enviado así os envío yo». Y dicho esto, sopló sobre ellos y les dijo: «Recibid el Espíritu Santo; a quienes les perdonéis los pecados les quedan perdonados; a quienes se los retengáis, les quedan retenidos»* (*Jn* 20, 21-23). En esta ocasión el envío adquiere la mención explícita de la misión de llevar el perdón de Dios, su misericordia. No van con su propio poder, sino con la fuerza del Espíritu recibido. Por eso, aquellos hombres, y sus sucesores, pueden seguir realizando el mandato del maestro, porque está en ellos el Espíritu del Señor. Pídele a Dios confiar en su palabra y acércate a recibir el perdón que Él ha querido darte a través de esos pobres hombres elegidos por Cristo como administradores de este don divino. Recuerda que en el sacramento de la confesión no obran por su poder, sino por el de Aquel que les ha llamado y dado su Espíritu.

2. Verdaderamente, se necesita fe para acercarse a la confesión y creer en el poder de aquellas palabras de Cristo en el Cenáculo cuando envía a los apóstoles –y en ellos a todos los obispos y los sacerdotes– a perdonar los pecados con el poder del Espíritu Santo. Como se necesita fe, en definitiva, para creer en la resurrección. Así lo demuestra el episodio de Tomás y la bienaventuranza que Jesús hace de aquellos que crean sin ver: *Bienaventurados los que crean sin haber visto* (*Jn* 20, 29).

Esta es la bienaventuranza de la fe, que se dijo en el evangelio en primer lugar de María por boca de su prima Isabel: *Bienaventurada la que ha creído, porque lo que le ha dicho el Señor se cumplirá* (*Lc* 1, 45). Que también proclamó Jesús de Pedro cuando este confesó su fe en que era el Mesías de Dios: *¡Bienaventurado tú, Simón, hijo de Jonás! Porque eso no te lo ha revelado ni la carne ni la sangre, sino mi Padre que está en los cielos* (*Mt* 16, 17). Es la bienaventuranza de aquellos que no se escandalizan por el modo en que Jesús ha obrado la salvación y la manera en que ha querido que esta se comunique al mundo entero, como proclamó a propósito de los enviados del Bautista que le preguntan si es el Mesías: *¡Bienaventurado el que no se escandalice de mí!* (*Lc* 7, 23). Ojalá sea esta también tu bienaventuranza; no ceses de pedírselo a Dios.

3. San Juan Pablo II proclamó el 30 de abril del año 2000 el segundo domingo de Pascua como Domingo de la Divina Misericordia. Una devoción que le era muy querida y que marcó toda su vida, hasta el mismo momento de su paso al cielo, que tuvo lugar en la víspera de la celebración de esta fiesta el 2 de abril de 2005. Pero más allá de difundir una devoción buena y piadosa, el santo papa polaco apuntaba hacia lo que constituye el núcleo central del evangelio, que nos revela plenamente el rostro misericordioso de Dios en Jesucristo, algo que el Antiguo testamento solo alcanzó a esbozar. En palabras del papa Francisco: «La misericordia es la viga maestra que sostiene la vida de la Iglesia. Todo en su acción pastoral debería estar revestido por la ternura con la que se dirige a los creyentes; nada en su anuncio y en su testimonio hacia el mundo puede carecer de misericordia. La credibilidad de la Iglesia pasa a través del camino del amor misericordioso y compasivo. La Iglesia vive un deseo inagotable de brindar misericordia»[1].

Tu vida de hijo de Dios se apoya en la misericordia divina, en la que descansa toda la vida de la Iglesia. Y toda la actividad, corporativa y personal, de los discípu-

---

[1] Papa Francisco, *Misericordiae vultus*, 10.

los de Jesús en su afán de cumplir el mandato de Cristo de llevar el evangelio a todas las gentes, encuentra su apoyo y su impulso en la misericordia de Dios. Por eso es para ti más que una devoción, es la fuente que te da la vida, el apoyo que sostiene tu camino, tu esperanza al mirar hacia el futuro. Es, de hecho, la única esperanza del mundo. Por eso une tu oración a la de san Juan Pablo II cuando consagraba el mundo entero a la Divina Misericordia y dile de corazón:

Dios, Padre misericordioso,
que has revelado tu amor en tu Hijo Jesucristo
y lo has derramado sobre nosotros en el Espíritu Santo, Consolador,
te encomendamos hoy el destino del mundo y de todo hombre.
Inclínate hacia nosotros, pecadores;
sana nuestra debilidad; derrota todo mal;
haz que todos los habitantes de la tierra experimenten tu misericordia,
para que en ti, Dios uno y trino, encuentren siempre la fuente de la esperanza.
Padre eterno,
por la dolorosa pasión y resurrección de tu Hijo,
ten misericordia de nosotros y del mundo entero.
Amén[2].

---

[2] SAN JUAN PABLO II, *Oración en la Consagración del Santuario de la Misericordia Divina* (17-8-2002).

DOMINGO II DE PASCUA CICLO C

1. Nos ha acompañado siempre.
2. Dios en esencia.
3. Una cercanía que nos hace disfrutar.

1. Ha existido siempre a lo largo de la historia de la Iglesia un riesgo continuo de acentuar en Dios algún aspecto de Él sobre otros; a la hora de acercarse a Dios, el hombre se debate siempre entre la inmensidad del Creador y la pequeñez de la criatura, la justicia divina y el pecado del hombre; entre la santidad de Dios y nuestra inclinación al pecado. Si esta relación desproporcionada no se vive adecuadamente, enseguida puede desembocar en un Dios impasible, amenazante y justiciero que solo genera en el hombre sentimientos de miedo y rechazo. Pero también es verdad que Dios nunca nos abandona: recordemos cómo en el siglo XVII, en plena crisis jansenista en Francia (un rigorismo moral que atemorizaba a las almas), santa Margarita María de Alacoque recibe las revelaciones del Sagrado Corazón de Jesús: «He aquí este Corazón que tanto ha amado a los hombres». Frente a la imagen de un Dios severo y exigente se presenta esa imagen tierna y compasiva, con

Corazón humano –ajena a cualquier sentimentalismo o visión ñoña de Dios–.

El siglo XX también se ve acechado por cierta visión de Dios cargada de falso temor: la primera guerra mundial es interpretada por algunos como un castigo divino; se va deslizando por Europa una visión negativa y catastrofista de la historia, «Dios nos ha abandonado», comentan algunos, mientras otros habían anunciado la muerte de Dios. Y es en este momento –a las puertas de la segunda guerra mundial (1931)– cuando otra religiosa, esta vez, polaca, Faustina Kowalska, recibe las revelaciones de Jesús, mostrándole y convirtiéndola en apóstol de su Divina Misericordia. Es un grito de Dios al hombre: «Confía en Mí. Abandónate en mi Corazón misericordioso». Una de las indicaciones que recibe santa Faustina es: «Deseo que el primer domingo después de la Pascua de Resurrección sea la Fiesta de la Misericordia. Deseo que la Fiesta de la Misericordia sea refugio y amparo para todas las almas y, especialmente, para los pobres pecadores. Ese día están abiertas las entrañas de Mi misericordia. Derramo todo un mar de gracias sobre las almas que se acercan al manantial de Mi misericordia».

El día de la canonización de sor Faustina, el 30 de abril de 2000, el papa san Juan Pablo II, secundando esa petición del cielo, instituyó esta fiesta para toda la Iglesia el segundo domingo de Pascua.

Por tanto, hoy la Iglesia nos invita a contemplar este atributo que es la esencia de Dios: la Misericordia.

2. «En el Jubileo del año 2000, san Juan Pablo II estableció que este domingo estaría dedicado a la Divina Misericordia. Es verdad, fue una bonita intuición: el

Espíritu Santo le inspiró (...). El evangelio de hoy es la narración de la aparición de Cristo resucitado a los discípulos reunidos en el cenáculo. Escribe san Juan que Jesús, después de haber saludado a sus discípulos, les dijo: "Como el Padre me envió, también yo os envío". Dicho esto, sopló sobre ellos y les dijo: "Recibid el Espíritu Santo. A quienes perdonéis los pecados, les quedarán perdonados". He aquí el sentido de la misericordia que se presenta precisamente en el día de la resurrección de Jesús como perdón de los pecados. Jesús resucitado ha transmitido a su Iglesia, como primera misión, su propia misión, de llevar a todos el anuncio concreto del perdón. Este es el primer deber: anunciar el perdón. Este signo visible de su misericordia lleva consigo la paz del corazón y la alegría del encuentro renovado con el Señor.

La misericordia a la luz de la Pascua se deja percibir como una verdadera forma de conocimiento. Y esto es importante: la misericordia es una verdadera forma de conocimiento. Sabemos que se conoce a través de muchas formas. Se conoce a través de los sentidos, se conoce a través de la intuición, a través de la razón y aun de otras formas. Bien, se puede conocer también a través de la experiencia de la misericordia, porque la misericordia abre la puerta de la mente para comprender mejor el misterio de Dios y de nuestra existencia personal. La misericordia nos hace comprender que la violencia, el rencor, la venganza, no tienen ningún sentido y la primera víctima es quien vive de estos sentimientos, porque se priva de su propia dignidad. La misericordia también abre la puerta del corazón y permite expresar la cercanía sobre todo hacia aquellos que están solos y marginados, porque les hace sentirse hermanos e hijos de un solo Padre. Favorece el reconocimiento de cuantos tienen necesidad de consuelo y hace encontrar palabras adecuadas para dar consuelo.

Hermanos y hermanas, la misericordia calienta el corazón y le hace sensible a las necesidades de los hermanos, a través del compartir y de la participación. La misericordia, en definitiva, compromete a todos a ser instrumentos de justicia, de reconciliación y de paz. No olvidemos nunca que la misericordia es la llave en la vida de fe, y la forma concreta con la cual damos visibilidad a la resurrección de Jesús»[1].

3. Dios no está lejos, está en nuestra alma en gracia. Muchas veces para rezar nos imaginamos que hablamos con Alguien que está fuera, pero debemos meternos dentro y buscarle, para tratar al Padre, al Hijo y al Espíritu Santo. Presencia que es Amor, que es fortaleza, que es seguridad, que es confianza, que es comprensión, que es misericordia.

Quizá en este domingo le podríamos pedir a Jesús una gracia muy especial: vivir hasta el fondo (profundizar y disfrutar) el sacramento de la penitencia; auténtico encuentro entre Dios y el hombre, entre nuestra pobreza y su salvación. Consecuencia práctica de su misericordia y su expresión más acabada. Que nunca nos entre la rutina o la falta de preparación, que nos paremos siempre antes a considerar qué es lo que vamos a hacer, qué es lo que vamos a recibir. Que nunca perdamos de vista que lo importante no son nuestros pecados (hay que decirlos, claro, es fundamental en el sacramento), sino el

---

[1] Papa Francisco, *Regina Coeli* (27-8-2017).

abrazo que Dios nos da, la misericordia que derrama a manos llenas sobre nosotros.

Lo que hemos vivido –visto y oído– en los días pasados no puede caer en saco roto, también nosotros debemos sentirnos llamados a recordar a todos los hombres ese rostro misericordioso de Dios; son todavía muchos los que tienen de Él una imagen deformada y muchísimos más los que no le conocen.

LUNES II SEMANA DE PASCUA

1. La delicadeza de Jesús con quien da
sus primeros pasos hacia Él.
2. Nacer de nuevo, algo que solo puede
hacer Dios con su poder.
3. De discípulo clandestino a dar la cara en el momento
más crítico: así hace en nosotros la fuerza de Dios.

1. Hoy el evangelio de la misa nos refiere el diálogo –una parte de él al menos– entre Jesús y Nicodemo, un fariseo, miembro del Sanedrín muy respetado entre el pueblo. *Este* –refiere san Juan– *fue a ver a Jesús de noche y le dijo: «Rabí sabemos que has venido de parte de Dios, como maestro: porque nadie puede hacer los signos que tú haces si Dios no está con él»* (*Jn* 3, 2). Es toda una declaración, aunque incipiente, de fe en Jesús. Nicodemo ha visto y oído a Cristo y se ha dado cuenta de que solo alguien enviado por Dios puede actuar y enseñar como Él lo hace. Está en el comienzo de la fe: reconoce en Jesús la mano de Dios, pero todavía no confiesa que sea Hijo de Dios, sino solo enviado como maestro.

Hay otra cosa que manifiesta la debilidad de la fe de Nicodemo: va al abrigo de la noche a encontrarse con

Jesús para no ser visto y así no verse comprometido. Conoce perfectamente la creciente animadversión hacia Jesús de la mayoría de los jefes del pueblo, de cuyo grupo él forma parte. No quiere ver perjudicada su posición, pero a la vez sus ganas de conocer y hablar con el Señor van en aumento. Quizá, tras varios intentos frustrados en los que el miedo le echó para atrás, por fin se decide a dar el salto e ir adonde está Jesús, aunque sea en medio de la noche. Su deseo ha vencido, aunque tímidamente, a su miedo. Y, aunque con precaución, se acerca al Señor.

Fíjate que Jesús, conocedor de todo esto –pues el ve en el interior de cada hombre–, no le echa en cara ninguna de aquellas cosas. El Señor es extremadamente delicado con esa fe incipiente, frágil e imperfecta. Ciertamente como dijo de Él Isaías: *La caña cascada no la quebrará, la mecha vacilante no la apagará* (*Is* 42, 3). En lugar de reproches, Jesús entabla con Nicodemo un diálogo maravilloso para dar firmeza y ayudar a madurar su fe.

2. Para ver el reino de los cielos hay que nacer de nuevo, como le dice Jesús en el evangelio de hoy (cfr. *Jn* 3, 3); pero tal cosa no la puede hacer el hombre solo y sin ayuda. El mismo maestro de la ley se da cuenta de ello y por eso pregunta casi alarmado: *¿Cómo puede nacer un hombre siendo viejo? ¿Acaso puede por segunda vez entrar en el vientre de su madre y nacer?* (*Jn* 3, 4).

Ese nuevo nacimiento solo puede ser obra de Dios, y Él lo realiza a través del Bautismo. Por el agua y el Espíritu Santo tiene lugar el nacimiento a la vida nueva de hijo de Dios. Piensa en un bebé que recibe el Bautismo: ya es hijo de Dios, pero para que esa vida nueva se manifieste y dé fruto ha de aprender a vivirla. Para aprender a vivir la vida de hijos de Dios el maestro no puede ser sino el Hijo de Dios. Es con Cristo con quien aprendemos a ser hijos. Con Él la fe incipiente y frágil que infunde en nuestra alma el sacramento del bautismo puede ir creciendo y madurando.

Es en diálogo con Jesús como la fe crece, adquiere mayor profundidad y se va haciendo una fe madura y serena. Así le sucederá a Nicodemo, quien en sus visitas nocturnas a Jesús –seguro que se multiplicaron desde aquella noche– va dando pasos hacia la verdadera confesión de fe en Cristo. Así te sucederá a ti si perseveras en la oración y te dejas guiar por el Maestro. Él te llevará poco a poco, como por un plano inclinado, hasta dar mayor altura a tu fe, esperanza y caridad. Y junto con la oración, la formación. Porque la fe necesita de una base adecuada para echar raíces. Es preciso conocer la historia de Dios con los hombres, su palabra, el contenido de la doctrina del evangelio y de la tradición de la Iglesia. Por eso además de hacer oración, cuánto te ayudará leer algún libro que te haga pensar y profundizar en el contenido del credo o de los principales dogmas del magisterio, o bien asistir a alguna charla o medio de formación. Consulta a ese sacerdote de tu confianza cómo sería la mejor manera de dar solidez a lo que crees para que lo que el Señor quiere confiarte en la oración encuentre el cimiento adecuado.

3. Además de profundizar y perfeccionar su fe hasta llegar a una auténtica confesión de Cristo, Nicodemo precisa fortalecer esa misma fe que ahora le impide acercarse a Jesús abiertamente. También en esto el Señor irá poco a poco actuando en su interior. La misma hostili-

dad creciente de los judíos hacia Jesús será un catalizador de la transformación de Nicodemo, que pasará de
ocultarse en la noche para no ser visto junto al Señor, a
ser capaz de dar la cara por Él cuando cuelgue muerto
del madero. Porque con frecuencia las dificultades son
ocasión para que salga lo mejor de nosotros, y para que
la gracia de Dios haga de las suyas y nos descubra una
fortaleza o una audacia que no pensábamos que fueran
posibles en nosotros.

Acompaña a Nicodemo en este camino que comienza en aquella furtiva visita en la noche. La siguiente
ocasión en que aparece en el evangelio es en las discu-
siones en el seno del Sanedrín sobre Jesús y que terminarán con la decisión de darle muerte. Entonces, nos
dice de nuevo san Juan: *Nicodemo, el que había ido en
otro tiempo a visitarlo y que era fariseo, les dijo: «¿Acaso
nuestra ley permite juzgar a nadie sin escucharlo primero
y averiguar lo que ha hecho?»* (*Jn* 7, 50-51). Le callarán
con amenazas, pero ya ha sido capaz de dar un primer
paso y alzar la voz. Cuando damos la cara por la fe y por
Jesús esta se fortalece en nosotros. Aquello, a pesar de
la derrota, fortaleció la fe de Nicodemo. Así el que se es-
condía para ir a ver al Maestro, terminará apareciendo
en la hora más difícil para, junto a José de Arimatea
–otro discípulo clandestino de Jesús– dar sepultura al
cuerpo del Señor (cfr. *Jn* 19, 20-38.42). De esto es capaz
la gracia en el alma humana, si la dejamos, ¿lo harás?

MARTES II SEMANA DE PASCUA

1. Jesús, ¡háblanos del cielo!
2. ¡Qué bien se está en el cielo!
3. El cielo: adoración a Dios y amistad con todos los bienaventurados.

1. En el evangelio de hoy, parece que Jesús, ligeramente frustrado ante la incredulidad judía, calla más que habla. El Señor es perfectamente consciente de que Nicodemo no entiende gran cosa de lo que le está diciendo –y quizá a nosotros nos pasa lo mismo–. *Y tú, el maestro de Israel, ¿no lo entiendes?* (*Jn* 3, 10). En el fondo, nos lo podría decir a cada uno de nosotros, y tú, que eres cristiano, que te esfuerzas, que tratas de formarte y de amarme... ¿no entiendes?

Pídele al Señor siempre, al comienzo de tu oración, luces para entender. A veces no es fácil comprender la voluntad de Dios en nuestra vida, en cosas pequeñas o en cosas grandes. En ocasiones, es complicado hacerse cargo de la palabra de Dios, de lo que nos dicen las Escrituras, de lo que la Iglesia pide de cada uno de nosotros. Luces para entender. Inteligencia para obedecer.

Parece que Jesús no encontró en sus contemporáneos esa receptividad, y le transmite una queja al bueno de Nicodemo: *Si no creéis cuando os hablo de la tierra, ¿cómo creeréis cuando os hable del cielo?* (*Jn* 3, 12).

Con apertura de mente y de corazón, le decimos al Señor: háblanos de aquello que no pudiste hablar con Nicodemo... ¡háblanos del cielo! ¿Cómo es? ¿Qué hay? ¿Llegaré?

Sobrecoge pensar en la eternidad; sobrecoge e incluso se hace insoportable si la imaginamos como un tiempo infinito, día tras día... No: la eternidad es otra cosa, llena de gracia de Dios; es como un amor que se renueva y crece cada día, por siempre, para siempre; un amor grande, un amor pleno, una paz perpetua, una amistad sobrenatural, solemne, plena, total.

Siempre rezaba de rodillas en el primer banco de la Iglesia al término de la catequesis, pero en aquella ocasión Jorge estaba justo debajo del Sagrario, podía tocarlo. Llevaba mucho tiempo allí. El sacerdote se acercó extrañado al ver a un muchacho de solo ocho años prolongar largamente su plegaria. Le preguntó en voz baja qué rezaba. El niño se ruborizó. Respondió con evasivas: no quería, era vergüenza pero el cura insistió. «Pido a Dios ir al cielo». El sacerdote, perplejo, añadió: «¿nada más?»; «bueno, sí, ir al cielo yo... y toda mi familia». Nada más...

Jesús, háblame del cielo.

2. El cielo se podría describir, fundamentalmente, como un acto eterno de amor a Dios –eso es la adoración– y una amistad universal con todos los bienaventurados.

Tres apóstoles, en una ocasión que los dejó profundamente impresionados, tuvieron experiencia de lo que podía ser el cielo. Fue en el monte Tabor, en el episodio que conocemos como la transfiguración del Señor. Jesús manifestó su gloria delante de ellos. Pedro, Santiago y Juan tuvieron la oportunidad de ver la grandeza de Dios y adorarlo. Fue un momento único que Pedro resume con una oración tan simple como llena de entusiasmo: *¡qué bien se está aquí!* (cfr. *Mt* 17, 4).

Se debe de estar muy bien en el cielo. Santo Tomás de Aquino, que había escrito tantísimo sobre Filosofía y Teología, tuvo la ocasión de ver a Dios un momento al celebrar la Misa... y quiso quemar todas su obras. Dios era algo (¡Alguien!) muchísimo más bello y verdadero que todas las palabras que había consignado en sus eruditos libros.

Virila, abad del monasterio de Leyre, pudo contemplar a Dios un segundo en uno de sus paseos por los frondosos bosques navarros. Cuando volvió al monasterio todos los monjes habían cambiado, no conocía a nadie... porque lo que para él fue un segundo de contemplación bellísima de Dios, para los hombres habían sido cientos de años. Se está tan bien con Dios... que el tiempo no existe.

Ver a Dios es maravilloso. Estoy convencido de que lo imaginarás mucho más fácilmente si eres capaz de encontrarlo cada día en tu vida y, muy especialmente, en la Eucaristía, porque, cuando estamos cerca de Dios, ¡qué bien se está!

3. El cielo también lo componen los bienaventurados; todos aquellos que han alcanzado, por la misericordia de Dios, la salvación.

Jesús dice en el evangelio que en el cielo los hombres y las mujeres *no se casarán* (cfr. *Mt* 22, 30), pero en ningún caso dice que no nos reconozcamos. Todo lo contrario: a Jesús resucitado lo reconocían; tenía las marcas de los clavos en las manos y en los pies, y su espalda era testigo fiel de la flagelación.

En el cielo, ¡claro que nos reconoceremos! Y nos alegraremos al ver de nuevo a tantísimas personas queridas. Será un gozo inconmensurable ver de nuevo a aquellos (tu abuelo, tu madre...) a los que una enfermedad, un accidente o sencillamente la edad nos privó de su presencia hace ya años.

¡Qué dicha será encontrarse con esos queridísimos amigos tuyos –ojalá los tengas, entonces sabrás muy bien de qué te hablo– que decidieron entregar su vida a Dios y marcharon a tierras lejanas como sacerdotes o misioneros! Una eternidad para conversar con ellos, escuchar sus historias, recordar sus sacrificios, arrimados a la esencia misma de Dios. Una eternidad para crecer juntos en amor mutuo contemplando a Dios.

Es bonito pensar en toda una eternidad vivida con las personas a las que más quiero. Es bonito pensar en toda una perpetuidad con Dios... porque por lo mismo que la eternidad es larga cuando el amor es corto, resulta ser muy breve cuando el amor es grande.

MIÉRCOLES II SEMANA DE PASCUA

1. Nuestra oración de hoy: una acción de gracias con los sentimientos más profundos de nuestro corazón.
2. ¿Cómo pagaré al Señor todo el bien que me ha hecho?
3. Las acciones de gracias son el termómetro de la humildad.

1. Año 1583. Carlos Emmanuel de Saboya cae gravemente enfermo, teme por su vida y hace llamar inmediatamente a su buen amigo, el cardenal Carlos Borromeo. El cinco de septiembre san Carlos llega a palacio para atender al duque, próximo a morir. El santo obispo fue a la iglesia, tomó cuidadosamente el Santísimo, y se presentó en el cuarto del moribundo para darle la Sagrada Comunión. Antes de administrarle el viático, le predicó unas palabras que nos ayudan hoy a nosotros a rezar:

«Serenísimo Duque, viene a ti Jesucristo: el Hijo de Dios desde toda la eternidad e hijo de María en el tiempo (…). Alma mía, da gracias al Señor, alábalo; todos los sentimientos más profundos de mi corazón nunca terminarán de alabar su Santo Nombre. No es suficiente, de hecho, alabarlo con la lengua y la palabra, sino, como el Espíritu es escrutador de las almas, se le debe exaltar sobre todo con el pensamiento; no de modo distraído, sino con todas las fuerzas, porque todo lo que poseemos viene de Él. ¡Que bendiga al Señor con toda mi voluntad, mi memoria, mi inteligencia, con toda mi capacidad, para que en un futuro pueda volver a meditar sus beneficios, amar su providencia, contemplar sus santos misterios...! Alma mía, bendice a Dios en todas tus obras porque su misericordia es eterna, su amor magnífico, profundamente benévolo, suave, Padre y benefactor amadísimo... ¿Cómo podría ocurrir que no recuerdes constantemente los beneficios que el Señor continuamente y abundantemente te ha dado, comenzando por haberte creado?»[1].

San Carlos Borromeo anima al moribundo a dar gracias a Dios antes de morir por todo lo que ha recibido, y le cuesta entender cómo puede existir una sola alma que no sea agradecida a Dios, que nos procura todo lo bueno.

¿Cómo puede ocurrir que no reconozcas, frecuentemente, todas las cosas que Dios ha hecho por ti? Leemos en el evangelio de hoy: *Tanto amó Dios al mundo que entregó a su Hijo único para que no perezca ninguno de los que creen en Él, sino que tengan vida eterna* (*Jn* 3, 16). ¿Serás capaz de hacer hoy, con los sentimientos más profundos de tu corazón, una grande –¡muy grande!– acción de gracias?

2. Jornada Mundial de la Juventud. Año 1997. Francia. París. Catequesis para peregrinos de lengua hispana en una iglesia céntrica. Como ocurre con cierta frecuencia,

---

[1] S. Carlos Borromeo, *Omelie sull'Eucaristia e sul sacerdozio*, 210-212.

los españoles llegan bastante tarde; el obispo ya ha hablado y es momento de silencio, de oración, de reflexión. Se sientan sigilosamente en el suelo, y transcurridos pocos minutos, una chica sube a un lugar cercano al altar. Toma el micrófono. Canta como los ángeles.

El estribillo, un salmo: *¿Cómo pagaré al Señor todo el bien que me ha hecho?* (*Sal* 116, 12). La letra: una sentida acción de gracias a Dios. La canción deja a todos impresionados; una melodía preciosa, una letra maravillosa. Cuando termina de cantar, aquella muchacha aún añade dos frases: «Doy gracias a Dios por todo, también –quizá especialmente– por haber perdido la vista hace dos años. Gracias, Jesús mío, por todo, porque sé que tú sabes más». La chica era ciega... *¿Cómo pagaré al Señor todo el bien que me ha hecho?.*

Da gracias a Dios muchas veces al día. Todo, absolutamente todo, te lo ha dado Dios. Tus virtudes, tu simpatía, tu elegancia, tu belleza o tus capacidades. Todo. También tus limitaciones, o lo que te parece que es menos bueno. Nada escapa de la mano de Dios, benevolente y todopoderoso. Si crees que eres atractivo, es Dios quien te lo ha dado; si te crees inteligente, es el Espíritu Santo el que te ilumina; si eres habilidoso, es el Señor el que te ha creado...

Dale gracias por lo que tienes y por lo que no tienes, por tus fracasos, por tus humillaciones. Dale gracias por todo, porque así te educas, creces y te haces capaz de amar mucho más.

3. Las acciones de gracias son el termómetro de la humildad. Los soberbios nunca lo hacen: piensan que todo se lo merecen, que todo lo han conseguido ellos. Los humildes, por el contrario, dan las gracias por todo, no por una especie de temor, como los siervos, sino porque están convencidos de que el buen Padre Dios es quien da todas las cosas.

¿Quieres saber cuál es el nivel de tu humildad? Piensa cuántas veces al día das gracias a Dios y a los demás. Si nunca lo haces, examínate, porque ser agradecido es un camino privilegiado para crecer en humildad.

La Misa es, además, acción de gracias. De hecho, es la única acción de gracias que está a la altura de Dios porque es el don de Cristo al Padre. Un buen modo de ser agradecido es acudir más frecuentemente a Misa y unirse al sacrificio de Jesús, de forma que no sea solo una costumbre dominical, sino que algunos días más entre semana –quizá todos– puedas ir a dar gracias al Señor en la celebración de la Eucaristía.

Las acciones de gracias pueden también prolongarse durante el día, adquiriendo la costumbre de agradecer a Dios todas las buenas noticias que nos llegan: una nota excelente, la victoria de tu equipo de fútbol, una gran novedad de una amiga tuya, un amor... ¡lo que sea!

El modo de adquirir esta costumbre será renovar el esfuerzo de ser agradecidos cada mañana. Hoy te voy a decir muchas veces «gracias»; y esforzarse porque el propósito sea verdadero.

De este modo, cuando consigas agradecer lo bueno, serás igualmente capaz de agradecer lo malo: una enfermedad, una contrariedad, un desamor... ¡lo que sea!

Porque cuando eres agradecido te haces humilde; y cuando te haces humilde entiendes que solo Dios sabe qué es bueno y malo de verdad. Será entonces cuando se tornarán para ti más verdaderas que nunca las certeras palabras de san Agustín cuando afirmaba: «creo lo que no veo, y creyendo amo, y amando veo»[2].

Creo, Jesús, que todo lo que me sucede es bueno para mí... y creyendo lo amo y amándolo descubro... que es sin duda lo mejor. Gracias, Jesús mío.

---

[2] S. Agustín, *Sermo* 65A, 4.

JUEVES II SEMANA DE PASCUA

1. Un cambio radical.
2. El fundamento de todo testimonio auténtico.
3. Lo que necesita hoy la Iglesia.

1. Había uno de esos reality shows, "Cambio radical" creo que se llamaba, cuyos protagonistas presentaban una apariencia física desagradable fruto generalmente de algún tipo de enfermedad. Se trataba de con la ayuda de diversos médicos solucionar el problema y cambiar la imagen de esas personas. El gancho de todo el programa era el asombroso cambio, de ahí lo de radical, que lograban en esas personas. Pues, para cambio radical, el de los primeros discípulos de Cristo. ¿Te acuerdas de cómo estaban llenos de miedo en el Cenáculo encerrados por temor a los judíos? Pues atiende a la lectura de la misa de hoy, tomada como es costumbre durante el tiempo de Pascua, del libro de los Hechos de los Apóstoles, que presenta a Pedro y los apóstoles ante el Sanedrín. Ya habían comparecido ante la máxima autoridad religiosa de Israel y les habían prohibido enseñar y hablar de Jesús, pero ellos han desobedecido esa orden. Por eso, les recuerdan la prohibición, y les preguntan por qué han desobedecido. Entonces *Pedro y los apóstoles replicaron:* «*Hay que obedecer a Dios antes que a los hombres. El Dios de nuestros padres resucitó a Jesús, a quien vosotros matasteis, colgándolo de un madero. Dios lo ha exaltado con su diestra, haciéndolo jefe y salvador, para otorgar a Israel la conversión y el perdón de los pecados*» (*Hch* 5, 29-31).

¿Dónde ha quedado el miedo? ¿Qué ha sucedido para que Pedro, que en la noche del Jueves Santo negó tres veces conocer a Jesús y luego lloró amargamente por su cobardía, confiese ahora intrépidamente su fe en Jesucristo? Esto sí que es un cambio radical, que no se queda en lo exterior, en lo meramente estético, sino que llega al fondo de la persona. Es el cambio que solo puede realizar Dios con su poder. Pídele que haga también en ti ese cambio radical que te libre de tus temores.

2. Pero detente todavía en considerar la asombrosa transformación que se ha obrado en aquellos hombres. Es sorprendente la seguridad que se destila de sus palabras. ¿Cómo han llegado exactamente a ella? O, dicho de otro modo, ¿de dónde viene la firmeza de su testimonio? Lo explica el mismo san Pedro: *Testigos de esto somos nosotros y el Espíritu Santo, que Dios da a los que lo obedecen* (*Hch* 5, 32). El testimonio de Pedro y el resto de los apóstoles no es solo cosa suya, está con ellos el Espíritu Santo. Ahí radica su fuerza. Es más, como dice el papa Francisco: «Sin el Espíritu Santo no hay testimonio cristiano. Porque el testimonio cristiano, y toda la vida cristiana, es una gracia que el Señor nos da con el Espíritu Santo, y sin el Espíritu no podemos ser testigos»[1].

Es el Espíritu prometido y enviado por Jesucristo el que transforma interiormente a los discípulos y los hace testigos del evangelio. Ese mismo Espíritu es el que Jesús te ha dado en el Bautismo y de manera especial ha hecho su morada en ti por la Confirmación. Su obra es hacer de ti fiel testigo de Jesús. Pero no lo hará sin tu consentimiento ni al margen de ti. Es preciso que busques corresponder a esa obra del Espíritu de Cristo. Solo habrá testimonio verdadero cuando busques que tu vida concuerde aquello que testimonias. Por eso, dice de nuevo el Papa: «la coherencia entre la vida y lo que hemos visto y oído, es el inicio del testimonio».

Pídele a Dios que te conceda su ayuda generosa para esa lucha de cada día por adecuar tu vida entera –pensamientos, deseos y actos– al evangelio de Cristo. Él te ha dado su Espíritu, pídele saber corresponder a su acción y presencia en tu alma. Él te mantendrá siempre cerca de Jesús muy unido a Él y te hará capaz de vencer toda resistencia y cualquier temor para dar un testimonio valiente, como el de Pedro y el resto de sus compañeros.

3. ¿Qué es lo que la Iglesia necesita hoy? Es una buena pregunta. Si hiciéramos una encuesta podrían salir respuestas de lo más variadas. Algunos dirían que lo que necesita es cambiar tal o cual aspecto de su doctrina para acercarse más a la gente. Otros señalarían que hace falta que se modernice en esto o en aquello. Otros... En

---

[1] Papa Francisco, *Meditación en la Domus Sanctae Marthae* (7-4-2016). Y lo que sigue.

fin, mejor vamos a ver qué responde el Papa: «La respuesta es inmediata: "testigos, mártires", es decir, santos de todos los días, los de la vida ordinaria llevada adelante con coherencia; pero también necesita quienes tienen el valor de ser testigos hasta el final, hasta la muerte. Todos son la sangre viva de la Iglesia. Son ellos, los que llevan la Iglesia hacia adelante, los testigos; los que prueban que Jesús ha resucitado, y dan testimonio con la coherencia de vida y con el Espíritu Santo que han recibido como don».

Que no te pase desapercibido con qué rotundidad contesta el Papa, que dice que la respuesta es «inmediata». Porque esto te da idea de lo decisivo que considera esta cuestión. Ni aspectos que modernizar, ni temas de doctrina, ni nada por el estilo, lo más necesario es que haya cristianos que den un testimonio creíble como el de Pedro y los demás. Eso necesita la Iglesia, y eso necesita el mundo: santos, santos de lo ordinario y santos que estén dispuestos a llegar hasta el final si así lo exigieran las circunstancias. Esos llevan adelante la Iglesia, ¿quieres ser de ellos? Pues recuerda, no es leer en misa, pasar el cestillo o contar la colecta –todo eso está muy bien y es de gran ayuda– lo que lleva adelante a la Iglesia, sino tu vida comprometida con Jesús allí donde trabajas y te relacionas con los demás.

VIERNES II SEMANA DE PASCUA

1. ¿Por qué Jesucristo obraba así?
2. Dios quiso necesitar de los hombres.
3. La gracia hace fructificar nuestras obras.

1. Se diría que le gusta llegar hasta el límite. En efecto, nuestro Señor Jesucristo, en muchísimas ocasiones, apura las situaciones hasta el umbral de lo razonable.

Hoy, por ejemplo, decide en el último momento y de improviso –¡menuda idea!– alimentar a un grupo enorme, *solo los hombres eran unos cinco mil* (*Lc* 9, 14). Una barbaridad de gente. Piénsalo despacio, cinco mil personas son... ¡cien autobuses de 50 plazas! Con esto imagino que te haces una idea...

No era la primera vez que lo hacía. Los santos evangelios nos cuentan cómo al menos en otra ocasión multiplicó los panes. Cierto. Pero, si Jesús es Dios, ¿por qué no sació el hambre de aquella multitud directamente, sin necesidad de pedir nada a los discípulos, del mismo modo que curó a aquella mujer que tenía flujos de sangre simplemente porque le tocó? ¿Por qué no los despidió a sus casas? La gente iba a escucharle, no a alimentarse; sabían que aquella visita no incluía comida, no les extrañaría volver con los estómagos vacíos... ¿por qué apurar hasta el final, pedir unos pocos panes y, finalmente, dar de comer a la multitud?

La razón última por la que el Señor obró así pertenece al pensamiento de Dios[1]. En este rato de oración vamos a preguntarle al Señor por qué hacía así las cosas. Cristo, que no se aleja de nosotros, quiere contestarnos y quiere acrecentar nuestra fe y nuestra piedad.

¿Por qué en el evangelio de hoy no quisiste saciar el hambre de aquella gente simplemente por un pensamiento tuyo, pues eres Dios verdaderamente, y has decidido hacer este milagro, arriesgándote a que la gente se enfadara por la tardanza o a que aquel muchacho no te diera ni sus panes ni sus peces? ¿Por qué obras así, Señor mío?

2. No he querido despediros sin daros de comer –responde el Señor– para que los hombres me reconozcan como Dios; así los inseguros, los enfermos, los pobres, los pecadores que tienen necesidad de mi ayuda –como tú, como yo– podrán seguirme. He querido hacer estas grandes acciones para que los hombres den gloria a mi nombre.

Además, quise hacerlo así, pidiendo aquellos panes y aquellos peces, para que los hombres se den cuenta de que, aunque soy Dios, necesito de los hombres y cuento con cada uno de ellos. Cuento contigo, con tu entrega, con tus virtudes y con tus dones para hacer muchas cosas grandes, para dar muchos frutos de amor.

---

[1] Para lo que sigue, esta meditación está inspirada en la homilía del 17 de septiembre de 1583 de san Carlos Borromeo, *Omelie sull'Eucaristia e sul sacerdozio*, 218-230.

Jesús multiplica hoy los panes para saciar el hambre de la multitud, pero, sobre todo, para acrecentar la fe de los discípulos. Nos enseña de este modo que nuestras cosas le interesan –incluso las pequeñeces: cinco panes y dos peces–, y que, con ellas, es capaz de hacer cosas maravillosas: alimentar a cinco mil hombres, sin contar mujeres y niños.

¿Tienes alguna virtud? Ofrécesela al Señor. ¿Tienes algún talento? Dáselo a Dios: saciará a una multitud con eso poco tuyo.

Dios obtiene lo que quiere usando medios que, a nuestro juicio, son inadecuados o incluso contrarios a la prudencia humana. ¿Quién podría pensar que el fango pueda curar la vista del ciego a quién Cristo le untó los ojos? ¿Quién podría pensar que tocar el borde de un manto tiene propiedades curativas, como ocurrió con aquella mujer?, ¿quién pensará jamás que una voz humana pueda calmar tempestades como sucedió un día cualquiera en el mar de Galilea?, ¿o que esa misma palabra puede curar en la distancia a un enfermo, como el siervo del Centurión: *una palabra tuya bastará para salvarlo* (*Mt* 8, 8)? ¿Quién iba a pensar que alimentaría a una multitud tan grande con cinco panes y dos peces?

Nuestro Señor Jesucristo está interesado –más aún, ¡necesita!– tus dones y talentos. Los necesita para poder hacer cosas muy grandes.

Examínate: ¿pones todos los medios humanos a tu alcance cuando haces algo, o lo dejas por pereza, sensualidad o vanidad? Si el muchacho protagonista del episodio evangélico hubiera dado solo dos panes y un pez... quizá nadie hubiera comido. Si tú no pones todos los medios humanos a tu alcance, quizá muchos de los deseos de Dios queden sin cumplirse...

3. «Siendo los medios sobrenaturales lo primero en el apostolado, quiere el Señor que utilicemos todas las posibilidades humanas a nuestro alcance. La gracia no suplanta la naturaleza, y no podemos pedir ayudas extraordinarias del Señor cuando, por los conductos ordinarios, ha puesto Dios en nuestras manos los instrumentos que necesitamos. Una persona que "no se esforzara por hacer lo que está de su parte, esperándolo todo del auxilio divino, tentaría a Dios", y la gracia de Dios dejaría de actuar»[2].

Cinco panes y dos peces. El texto evangélico parece sugerir que el niño dio todo lo que tenía. Cinco panes y dos peces. Era una buena ración para él y para su familia: comerían hasta saciarse... pero el Señor se lo pide. Podría haber renegado de Cristo pensando que le quitaba lo que tenía para comer. Pero se fio de Dios. Lo dio todo.

Cinco panes y dos peces. Nosotros también queremos darlo todo: poner nuestra memoria, inteligencia y voluntad al servicio de Dios. Dile al Señor que quieres hacer propósitos, en esta oración, de una entrega más eficaz.

Hay muchos campos de lucha para poner todos los medios para servir a Dios y a los demás. Piénsalo. Te sugiero tres: aprovechamiento del tiempo (laboriosidad, diligencia: estudiar cuando toca, no cinco minutos más tarde, y sin distraerte), trato con los demás (sonrisa, buen humor, también cuando no tienes ganas) y la caridad en el hablar (hablar bien, no criticar, no herir, ser benévolos). Estos son solo algunos de tus panes y de tus peces; anímate a dárselos a Jesús.

---

[2] F. Fernández-Carvajal, *Hablar con Dios* II, 477-478.

SÁBADO II SEMANA DE PASCUA

1. Cuando se nos hace de noche.
2. «Soy yo, no temáis».
3. La barca solo recibirá auxilio de Jesús.

1. «¿A quién se le ocurre embarcarse de noche?». Es la pregunta que quizá se hizo alguno de los discípulos cuando, en la barca, según narra san Juan en el evangelio de la misa de hoy, siendo ya noche cerrada, experimentan la fuerza de un viento que les es adverso. Pero es que, probablemente, no esperaban de ningún modo que pudieran llegar a esa situación apurada porque era una travesía muy corta y que sabían de memoria, amén de que eran muchos de ellos expertos marineros y buenos conocedores del Mar de Galilea. Suele suceder que los mayores apuros llegan de manera inesperada, cuando no estamos preparados. Así te habrá ocurrido en más de una ocasión, y por eso puedes identificarte tan bien con los discípulos en su barca, a oscuras y con el viento soplando en la cara, y con un creciente nerviosismo que quizá ha sembrado ya el miedo en sus corazones. Porque en tu vida y en la mía, como en la de todo hombre o mujer, hay momentos en los que se hace de noche. Un locutor de radio y televisión que hace unos años gozó de cierta fama por sus retransmisiones, primero de baloncesto y luego de fútbol, y que terminó su vida de manera trágica, empleaba esa expresión «se le hizo de noche» para expresar que un jugador se había metido en un lío del que no podía salir. Y a nosotros también se nos hace de noche, porque a veces nos encontramos sin saber cómo seguir adelante, a oscuras, sin ver por dónde va la ruta.

Y, es muy probable, que no se acordasen de que el Señor no está con ellos hasta el momento en que los nervios y el miedo están ya a flor de piel. Te digo esto no porque sea adivino o lea en los corazones ajenos, sino porque es, sencillamente, lo que nos pasa con frecuencia a ti y a mí y, no lo olvides, los discípulos son personas normales, como nosotros. ¿O no nos acordamos de santa Bárbara cuando truena, como dice el refrán? ¡Y menos mal que nos acordamos cuando truena! No es malo hacerlo. La cosa es conseguir acordarnos también cuando no hay tormenta, cuando no hay apuro. Aquí tienes un buen punto en el que pensar para mejorar en tu trato con el Señor: acudir no solo a pedir cuando algo te apura, sino en toda ocasión.

2. Y en medio de la oscuridad y del viento contrario, aparece Jesús caminando sobre las aguas. Él siempre aparece, aun cuando la plegaria no ha llegado a los labios y es todavía un deseo del corazón angustiado por la noche y la adversidad. No se hace esperar. Y aparece caminando sobre el mar, que representa el poder y la muerte. Pero, ¿por qué se asustan los discípulos? El mismo Jesús tiene que tranquilizarlos diciéndoles *Soy yo, no temáis* (*Jn* 6, 20). Quizá les sucede algo semejante a lo que ocurre cuando en medio de la oscuridad se enciende repentinamente una luz potente que causa sobresalto. Es mucho mejor tener luz para ver, pero el primer fogonazo puede cegarnos unos instantes. La luz y el poder de Jesús es sin duda lo mejor que hay en sus vidas, y lo saben, pero cuando pasan a primer plano en un prodigio como el que leemos hoy en el evangelio les hace recordar su pequeñez y su fragilidad, y entonces aparece el miedo. Las palabras de Jesús les recuerdan que ese poder y esa fuerza no son de un desconocido de quien no sabemos sus intenciones, sino que pertenecen a su amigo y maestro que les ha dado sobradas pruebas de su amor. El temor lo disipa, una vez más, el amor. Porque donde hay amor no puede haber temor.

No temas tú tampoco a Cristo cuando tu flaqueza hace más patente la necesidad que tienes de su poder y su gracia. Es Jesús, el Señor, que ha muerto y resucitado por ti. Le conoces bien, te ha dado muchas muestras de que te quiere, y si no, mira la cruz. Cuando se te hace de noche búscale sin miedo, que Él sale siempre a tu encuentro. Y antes de que te quieras dar cuenta, como les pasó a los discípulos aquella noche, habrás llegado adonde ni podías ni sabías llegar.

3. Pero del evangelio de hoy podemos hacer, además de una lectura personal de lo que sucede, otra que podríamos llamar colectiva. Porque la imagen de los discípulos en la barca surcando el mar en medio de la noche y del viento adverso representa también a la Iglesia, que en su fragilidad navega por la inmensidad de la historia al vaivén de un mundo que con frecuencia la zarandea con fuerza. Y en el momento presente, esa fuerza con que los poderes del mundo y el propio enemigo la sacuden no pasan desde luego inadvertidos. La barca de Pedro es hoy golpeada con fuerza por las olas y parece zozobrar en medio de una oscuridad que se antoja, a veces, no solo exterior sino también interior.

La tentación puede ser saltar por la borda, abandonar la nave antes de que se hunda. Pero, tenlo presente, es eso una tentación. La barca es frágil, está azotada por un viento y un oleaje que son mucho más fuertes que ella. Pero no está dejada a su suerte. El Señor, como aquella noche, anda cerca saliendo siempre a su encuentro caminando, y pisando, sobre esos poderes formidables que parecerían capaces de mandar la endeble embarcación de Pedro al fondo del mar. Esta debe ser también tu confianza al pensar en este tiempo presente en que como hijos de la Iglesia nos toca surcar el mar. La confianza en el poder y la cercanía del Señor. Solo de Él viene la salvación y el auxilio para la Iglesia. No vendrá de lo que nosotros hagamos, digamos o coordinemos, solo vendrá de aquel que la fundó y la conserva y gobierna con cariño y fortaleza.

DOMINGO III DE PASCUA CICLO A

1. Convertirse en Pascua.
2. El camino de Emaús es el de cada persona.
3. Volver a la alegría y volverse a los demás.

1. El evangelio de este tercer domingo de Pascua nos vuelve a situar en aquel primer día de la semana en que resucitó el Señor. Nos cuenta el episodio de los dos discípulos que camino de Emaús se encuentran con Jesús o, más bien, son encontrados por Cristo cuando andaban desanimados y se volvían tristes y derrotados a sus casas. El Señor no permanece indiferente a la tristeza y desolación de los suyos, sino que quiere coincidir con nosotros. Y lo hace para llevarnos de la tristeza a la alegría. Esta es, según palabras de Benedicto XVI, la obra de Jesús resucitado en los dos discípulos: «conversión de la tristeza a la alegría; y también conversión a la vida comunitaria»[1]. Es la obra del resucitado en ti. Él te llama a esta conversión a la alegría.

Quizá estés pensando: «¿Conversión en Pascua?, ¿eso no es cosa de la Cuaresma?». Pues sí, conversión

_____

[1] Benedicto XVI, *Homilía* (8-5-2011). Y lo que sigue.

en Pascua. Porque la conversión no es solo el aspecto de renuncia, sacrificio y dificultad, que ciertamente implica y en el que con frecuencia centramos la atención al hablar de ella. «La conversión cristiana es también y, sobre todo, fuente de gozo de esperanza y de amor. Es siempre obra de Jesús resucitado, Señor de la vida, que nos ha obtenido esta gracia por medio de su pasión y nos la comunica en virtud de su resurrección».

Así que, ¿conversión en Pascua? Exacto. Pídele a Dios que te conceda esta conversión a la alegría: salir de tus tristezas y entrar en el gozo de Cristo resucitado. El camino para alcanzarla solo puede ser el mismo que siguieron los de Emaús, y es el encuentro con Jesús. Es aquí, en la intimidad con Él, donde se puede obrar este cambio de la tristeza a la alegría, y si es junto al sagrario aún mejor. Porque el factor de cambio, lo ves en el relato de Lucas, es Cristo mismo resucitado, y Él te aguarda en el sagrario.

2. La tristeza y la amarga derrota de los dos de Emaús es imagen de los momentos y circunstancias amargas que golpean la vida de toda persona –la tuya y la mía también–. Ese camino a Emaús representa bien el camino de todo discípulo de Jesús cuando experimenta la decepción y el fracaso de sus esperanzas. Como les pasó a ellos, en ocasiones nuestra fe puede verse golpeada por acontecimientos, sucesos o situaciones que la ponen a prueba y que nos llenan de angustia y de tristeza. En esos momentos, no tengas la menor duda, Jesús se hace compañero de viaje para ti. Se pone a tu lado y comparte tu camino; lo hace siempre en realidad, pero en el momento amargo se te acerca especialmente como hizo con aquellos dos. Él viene a reavivar el fuego de tu fe y a alimentar tu esperanza para convertir tu corazón a la alegría, como meditábamos antes.

En la conversación con Jesús se pone de manifiesto la causa de la tristeza de los dos discípulos: *Nosotros esperábamos que Él iba a liberar a Israel...* (*Lc* 24, 21). Es el aparente fracaso de Jesús el que les hace desesperar y dudar de Él. Esta angustia de los dos discípulos que iban a Emaús puede ser buen reflejo de lo que quizá hayas sentido en alguna ocasión al mirar la realidad que te rodea. Tanto mal, tanta injusticia, tantos que sufren por culpa del egoísmo de los hombres pueden llevarte a sentir un cierto abandono del Señor y a decir como aquellos dos: «Yo esperaba que nos librase de todo eso...», como si tu esperanza fuera cosa del pasado. Pero, probablemente, son las faltas y pecados de los que nos decimos discípulos del Maestro las que más pueden hacernos zozobrar y dudar de que Él permanece a nuestro lado. ¡Cuánta tristeza y cuanto dolor producen las faltas de tus hermanos en Cristo! Y, sobre todo, qué amargura puede arraigarse en el alma al ver que el camino de Jesús es hoy abandonado por muchos.

De esa tristeza especialmente, de pensar y asumir que en el mundo de hoy –en tu mundo– la fe en Jesús es derrotada y rechazada, quiere convertirte el Señor. Déjale que a tu lado te explique las Escrituras y parta para ti el pan vivo que es su carne ofrecida para la salvación del mundo. De ese mundo que te parece perdido, pero que, no lo olvides, ha empeñado Dios la vida de su Hijo para rescatarlo. Ahí, en la palabra de Dios y en la Eucaristía encontrará tu fe su solidez, y tu corazón la alegría serena para vencer en la dificultad.

3. Conversión a la alegría y conversión a la vida comunitaria, considerábamos al comienzo de este rato de meditación. Piensa ahora en la segunda parte. Porque una consecuencia inmediata de la desesperanza y la tristeza es la soledad. Cuando dejamos que la pena llene el corazón, con facilidad nos aislamos en nosotros mismos y nos separamos de los demás. Esto mismo les había pasado a los dos discípulos de Emaús, que llevados por la aflicción y el abatimiento se marchan, dejando al resto en Jerusalén. El encuentro con Jesús les saca también de esa soledad a que les había llevado su tristeza. La fracción del pan, la Eucaristía, les da la fuerza para romper su aislamiento y volver con los demás. Sin dilación, a pesar de ser casi de noche, se levantan de inmediato y van a toda prisa a Jerusalén a comunicar su alegría (cfr. *Lc* 24, 33).

Es Jesús el factor de unidad de los discípulos de Cristo: al creer que lo habían perdido se separaron, al reencontrarlo vuelven al lugar donde pueden vivir de ese encuentro: la comunidad de los discípulos. El encuentro con Jesús –tu encuentro con Él– no es algo individual ni aislado, te lleva siempre a vivirlo con los demás, a compartirlo en la Iglesia con los discípulos del Maestro. Ojalá luches cada día por vencer la tentación del individualismo pidiendo esta conversión a la alegría y a los demás de que nos hablaba el papa Benedicto.

DOMINGO III DE PASCUA CICLO B

1. Tener a Cristo en nuestro corazón es mucho más que tenerlo en la casa, pues nuestro corazón es más íntimo para nosotros que nuestra casa.
2. Cristo está dispuesto a darte lo que necesitas para alimentar tu fe.
3. Dos condiciones para incrementar la fe: sencillez y humildad de corazón.

1. Los discípulos de Emaús –nos dice el Evangelio de hoy– después de encontrarse con Cristo, vuelven entusiasmados a Jerusalén, donde están los apóstoles, para contarles lo que les había acontecido en el camino.

«Mientras volvían a casa, desconsolados por la muerte de su Maestro, el Señor se hizo su compañero de viaje sin que lo reconocieran. Sus palabras, al comentar las Escrituras que se referían a él, hicieron arder el corazón de los dos discípulos, los cuales, al llegar a su destino, le pidieron que se quedara con ellos. Cuando, al final, él "tomó el pan, pronunció la bendición, lo partió y se lo dio" (*Lc* 24, 30), sus ojos se abrieron. Pero en ese mismo instante Jesús desapareció de su vista. Por tanto, lo reconocieron cuando desapareció.

Comentando este episodio evangélico, san Agustín afirma: "Jesús parte el pan y ellos lo reconocen. Entonces nosotros no podemos decir que no conocemos a Cristo. Si creemos, lo conocemos. Más aún, si creemos, lo tenemos. Ellos tenían a Cristo a su mesa; nosotros lo tenemos en nuestra alma". Y concluye: "Tener a Cristo en nuestro corazón es mucho más que tenerlo en la casa, pues nuestro corazón es más íntimo para nosotros que nuestra casa" (*Discurso* 232, VII, 7). Esforcémonos realmente por llevar a Jesús en el corazón»[1].

Jesús se aparecía a los discípulos, a los apóstoles, a las santas mujeres. Nosotros –como ellos– podemos encontrar a Jesús dentro de nosotros mismos, habitando en nuestra alma, a gusto en nuestro corazón. Busquémosle sinceramente en nuestra interioridad. Tratemos de encontrar, en nuestra oración, en nuestra vida cotidiana, su real presencia dentro de cada uno de nosotros.

2. Jesús se apareció muchas veces a sus discípulos y a las mujeres. Sin embargo, no siempre se condujo de la misma forma: en unas ocasiones se manifiesta de una manera, en otras de otra, y a veces su actitud resulta incluso contradictoria.

María Magdalena lloraba junto al sepulcro con la única esperanza de saber dónde habían puesto el cuerpo del Maestro. Cuando se encuentra con Jesús, a quien reconoce al pronunciar su nombre (María), el Señor le dice severamente: no quieras tocarme (cfr. *Jn* 20, 17).

---

[1] Para esto y lo que sigue BENEDICTO XVI, *Audiencia general* (11-4-2007).

Sin embargo, poco tiempo más tarde, Cristo se presenta ante el incrédulo Tomás, y no solo no le prohíbe tocarlo sino que le pide su mano para llevarla a los agujeros de las manos y al costado herido...

Jesús permite a Tomás lo que negó a María. ¿Por qué? Escucha lo que nos dice Benedicto XVI:

«En realidad, los dos episodios no se contradicen; al contrario, uno ayuda a comprender el otro. María Magdalena quería volver a tener a su Maestro como antes, considerando la cruz como un dramático recuerdo que era preciso olvidar. Sin embargo, ya no era posible una relación meramente humana con el Resucitado. Para encontrarse con él no había que volver atrás, sino entablar una relación totalmente nueva con él: era necesario ir hacia adelante. Lo subraya san Bernardo: Jesús "nos invita a todos a esta nueva vida, a este paso... No veremos a Cristo volviendo la vista atrás" (*Discurso sobre la Pascua*). Es lo que aconteció a Tomás. Jesús le muestra sus heridas no para olvidar la cruz, sino para hacerla inolvidable también en el futuro. Por tanto, la mirada ya está orientada hacia el futuro. El discípulo tiene la misión de testimoniar la muerte y la resurrección de su Maestro y su vida nueva. Por eso, Jesús invita a su amigo incrédulo a "tocarlo": lo quiere convertir en testigo directo de su resurrección».

También nosotros estamos llamados a ser testigos de la resurrección, y llevar a todo el mundo la alegre noticia: *Hemos visto al Señor* (*Jn* 20, 24). Todos estamos llamados a ser discípulos de Emaús, María Magdalena, Tomás o cualquiera de los apóstoles: no podemos guardar para nosotros la gran novedad.

Jesús, en el fondo, persigue un único motivo con sus apariciones: hacer de aquellos discípulos, de los apóstoles, de las santas mujeres... valerosos testigos de la resurrección. Para conseguirlo, dará a cada uno sencillamente lo que necesita: en el caso de María Magdalena, que no le tocara, para que supiera que tenía a Dios delante; en el de Tomás, en cambio, lo contrario, porque era necesario que se convenciera de que no era un fantasma.

Jesús está dispuesto –ahora mismo, hoy– a darte lo que necesitas para alimentar tu fe.

3. Mientras los discípulos de Emaús estaban contando su experiencia al resto de los apóstoles, dice el Evangelio que se presentó Jesús en medio de ellos. Al hacerse presente de modo repentino en medio de ellos, Nuestro Señor apaciguó el miedo natural y el alboroto grande que los dominaba, y les transmitió un mensaje claro: Vivo para siempre y vosotros sois testigos de esto.

Hoy, como hace casi dos mil años, Jesús alimenta la fe y la esperanza de sus discípulos para que todos recordemos que Cristo vive y que tenemos la alegría de encontrarlo si le buscamos con todo el corazón.

Los primeros discípulos estuvieron con Cristo en muchísimos y variadísimos lugares después de la resurrección: en la orilla del lago, en medio de los caminos, en el cenáculo, en la puerta del sepulcro... También nosotros tenemos la ocasión de encontrarlo en todas las circunstancias de nuestra vida. Hacen falta solo dos condiciones, como señala Benedicto XVI: la sencillez y la sinceridad de corazón: «si buscamos al Señor con sencillez y sinceridad de corazón, lo encontraremos, más aún, será Él quien saldrá a nuestro encuentro; se dejará reconocer, nos llamará por nuestro nombre, es decir, nos hará entrar en la intimidad de su amor».

DOMINGO III DE PASCUA CICLO C

1. *Al alba, mira al este.*
2. *Confiar de nuevo en Jesús.*
3. *Sin esfuerzo no hay pesca.*

1. Uno de los momentos más emocionantes –al menos así lo es para mí– de la segunda parte de la trilogía de *El Señor de los anillos* es aquel en que, en medio de la batalla en el Abismo de Helm, cuando la derrota parece segura, la primera luz de la mañana trae consigo una nueva esperanza. Las palabras que Gandalf le había dicho a Aragorn por fin se cumplen: «Espera mi llegada con la primera luz del quinto día, al alba, mira al este». Y por el este, con el amanecer, llegan unos milagrosos refuerzos que salvan del desastre a los defensores de la fortaleza. Es una imagen muy expresiva, la luz rompiendo la oscuridad de la noche, de la intervención salvadora sobre el triunfo de los servidores de las tinieblas. Una imagen que el autor de la saga, católico reconocido, ha podido contemplar en la Biblia en más de una ocasión. Porque, si te detienes a considerarlo un momento, el alba, la primera luz del día, es un momento privilegiado en la historia de la salvación. Es ocasión de intervenciones prodigiosas y salvadoras de Dios en favor de su pueblo. Solo por poner un ejemplo, en el Éxodo, al amanecer, con el pueblo de Israel ya al otro lado del mar, Dios traba los carros de los egipcios y hace volver las aguas a su cauce salvando así a Israel de sus enemigos. Y, desde luego, no te olvides de la más importante de estas actuaciones de Dios: al alba fue María Magdalena al sepulcro y encontró allí al Señor resucitado.

Todo esto que venimos meditando puede ser un marco excelente para lo que sucede en el evangelio de hoy. De nuevo la noche, que es también del alma en los apóstoles pues todavía andan desconcertados por todo lo sucedido. Sí, el Señor ha resucitado, pero ellos no encuentran todavía su lugar. Es quizá momento de hacer balance de lo que ha significado su historia con Jesús y de encontrarse de nuevo, como años atrás, con las redes vacías y el corazón lleno de dudas. Y así, en medio de la oscuridad de su noche y de su alma, llega desde el este la primera luz del día y, con ella, Jesús, la luz que puede iluminar de nuevo sus vidas y que también quiere alumbrar la tuya.

2. *Muchachos, ¿tenéis pescado?* (*Jn* 21, 5). La llegada de Cristo, al que todavía no han reconocido, y sus primeras palabras dirigidas a los discípulos no obran sin más el cambio de la situación. Más bien al contrario. La pregunta del Maestro hace que sus miradas se vuelvan hacia las redes vacías para constatar lo inútiles que han sido sus esfuerzos de la noche por conseguir alguna captura. Y entonces les pide un nuevo esfuerzo: *Echad la red a la derecha de la barca y encontraréis* (*Jn* 21, 6). Pero sobre todo les pide que confíen en su palabra y que hagan como les dice.

Esta manera de proceder del Señor es paradigmática, es decir, revela el modo habitual en que Él procede con nosotros cuando estamos, como aquellos primeros discípulos, confundidos y frustrados por nuestros fracasos. Fracaso en la lucha por vencer ese pecado en el que de manera recurrente caes y que parece invencible para ti. Fracaso en el enésimo intento por llevar un plan de vida espiritual que mantenga vibrante tu trato con Dios y que apenas ha durado unos días. Fracaso con esa persona por la que llevas rezando tiempo y buscando que se encuentre con Dios y no ves avance alguno. Y como estos, mil formas más que puedes experimentar y que se simbolizan en aquellas redes vacías. Y entonces, Jesús te pide un esfuerzo más. Que te confieses y reemprendas la lucha; que con ánimo deportivo retomes tus propósitos de vida cristiana; que insistas con más oración y mortificación por ese amigo o amiga. Y la tentación que pasa por tu mente –como lo hizo por la de aquellos discípulos– es decirte: ¿para qué? ¿Para qué luchar si voy a volver a caer? ¿Para qué intentarlo si volveré a fallar? Los discípulos vencieron esa tentación confiando en las palabras del Señor y en la promesa que encerraban. Y lo hacen porque está vivo en su memoria el recuerdo de aquella primera pesca años atrás cuando tampoco habían cogido nada. Si entonces se fiaron, ahora con más razón. Mira tú también a tu historia con Dios y cárgate de razones para confiar en Él. Ellos echaron la red una vez más fiados en Jesús, ¿qué harás tú?

3. Antes de que ellos lleguen a tierra con la captura abundantísima que acaban de hacer, nos dice el evangelista que Jesús ya ha preparado las brasas y tiene un pescado y pan sobre ellas. Ya les espera el Señor con el alimento y la recompensa por haberse fiado. Pero quiere tomar de lo que han cogido y ponerlo también sobre el fuego. Porque, si bien el fruto de la pesca no depende del esfuerzo de los discípulos –y bien que lo han comprobado durante la noche–, Jesús quiere darles los peces contando con ese esfuerzo. Así funciona todo en la vida cristiana y en el apostolado. Nunca es conquista tuya ni fruto de tu esfuerzo. Y las caídas y fracasos, si nos sirven para darnos cuenta de ello y confiar más en Dios y menos en nosotros, entonces se convierten en combustible que alimenta el fuego de tu amor a Dios porque te llevarán a Él y a abandonarte en su misericordia. Pero no olvides tampoco que sin ese esfuerzo no habrá peces. Jesús ha querido que sea de este modo. Quiere contar contigo para transformar esta tierra transformándote a ti primero con la fuerza de su gracia; ¿encontrará en ti la confianza y correspondencia que encontró en aquellos primeros? Pídele a Santa María, madre suya y madre tuya, que así sea.

LUNES III SEMANA DE PASCUA

1. A Jesús no parece importarle el éxito.
2. Almas de criterio.
3. Y tú, ¿por qué buscas a Jesús?

1. Cualquier director de comunicación –dircom los llaman ahora– o responsable de marketing, estaría encantado con su último anuncio o campaña si su efecto fuera el que nos presenta el evangelio de hoy a propósito de la multiplicación de los panes que acaba de realizar Jesús: una multitud se pone en marcha para buscarle. Parecería, al menos a ojos mundanos, que se ha logrado el éxito. ¿No ha venido el Señor a sembrar la palabra del reino? ¿No es su misión congregar al Nuevo Pueblo de Dios? Pues esa multitud es lo más parecido a un comienzo prometedor. Y, sin embargo, enseguida llegan las palabras de Cristo como un auténtico jarro de agua fría: *En verdad, en verdad os digo: me buscáis no porque habéis visto signos, sino porque comisteis pan hasta saciaros* (*Jn* 6, 26).

La reacción de Jesús manifiesta, en primer lugar, que a Él no parece importarle demasiado el éxito, al menos el éxito tal y como es juzgado por el mundo. De otra manera no se comprenden sus palabras, que harían tirarse de los pelos al mismo dircom de antes que vería echado por la borda lo que antes se había logrado. No, ese éxito no es el que Jesús busca. Para Él la multitud, el número, el halago no tienen valor. Él mira al interior, al corazón, y mide el éxito no con criterios humanos y del mundo sino el criterio del cielo. Por eso pídele a Jesús valorar y juzgar como Él, con sentido sobrenatural, sin dejarte llevar por criterios mundanos. En definitiva, pide a Jesús que aumente tu fe y que la haga operativa en tu vida. Porque es la fe lo único que permite ver las cosas de modo distinto a como las ve el mundo.

2. Pero detengámonos algo más en esta cuestión del éxito y cuál es su sentido adecuado a la luz del evangelio, porque es un asunto tremendamente actual y en el que no siempre resulta fácil aclararse. Pues no faltan hoy voces, y no solo de quienes no creen en Jesús, sino también de quienes forman parte de la Iglesia, que juzgan la misión y labor de la Iglesia en función del éxito que encuentran en la sociedad sus iniciativas, y un éxito medido en términos sociológicos de número y aprobación de las personas. Nos puede parecer muy moderna la cuestión, pero ¿no crees que también se daría entre el mismo círculo de los íntimos de Jesús? ¿No crees que alguno de los doce pensaría que la multitud reunida y expectante era la medida de su éxito? Y, por tanto, ¿no crees que alguno, muy probablemente el mismo Judas al que ya hemos visto juzgar de manera mundana las cosas, pensó que las palabras de Jesús desairando a la muchedumbre eran inconvenientes?

La cuestión, entonces y ahora, es en el fondo la misma: ¿qué hizo Jesús? ¿Qué valor tuvo para Él el re-

conocimiento social? ¿Cuánto le importó que los poderosos le alabasen? ¿Acaso buscó la aprobación de los
intelectuales o de los «influencers» del momento? ¿Se
plegó dócilmente a lo políticamente correcto o a lo so-
cialmente establecido o acaso no rompió innumerables
veces con ello? Y por eso, al final, la cuestión es volverse
hacia Jesús o hacia el mundo. Mundanizarse o transformar el mundo con la fuerza de la fe.

Pero no dejemos de considerar un peligro opuesto
que también debemos evitar: y es pensar que da igual
el número o la gente que acoja el evangelio. Decir que
el éxito mundano no es el nuestro y que el criterio para
juzgar es sobrenatural y no humano no puede hacernos
olvidar que el fin de la misión de Cristo es que todos
se salven y lleguen al conocimiento de la verdad. Por
eso, ¡claro que a Jesús le importa la multitud! Lo que no
quiere es el número por el número, ni que le sigan por
razones espurias, aunque le duele en el corazón que tantos le den la espalda y rechacen su mano tendida, que es
la del Padre. Por eso, tan absurdo como la búsqueda de
un éxito mundano que se fija en el número únicamente,
es asumir sin más que la vida cristiana es para una mi-
noría, y más aún estar felices por ello. ¡De ningún modo!
La misión de la Iglesia es universal, porque lo es la misión de Cristo. Y que haya hombres y mujeres que no le
conozcan o le rechacen no puede nunca dejar de ser un
dardo clavado en nuestro corazón, que es un dardo en
el corazón de Jesús. En suma, lo mismo de antes, ¡fe,
Señor!, ¡danos más fe!

3. Para terminar, cambiemos la perspectiva y piensa en
por qué buscas tú a Jesús. Las gentes del evangelio de
hoy, al menos en su mayoría, van porque han comido

hasta saciarse. Y así sucede desde entonces hasta hoy. Hay quien busca a Jesús solo cuando tiene un apuro grande, una enfermedad, propia o de un ser querido. A lo mejor te sucede que solo piensas en Él ante un examen importante o un momento muy delicado en tu trabajo o vida familiar. No faltan quienes se acercan a su Iglesia buscando beneficiarse de algún modo y, con frecuencia, hasta bajo capa de servirla. Piénsalo. No está mal buscar a Jesús en la dificultad y en el apuro, tampoco pedirle cuanto necesitamos, también las cosas materiales. Lo que hoy parece decirnos Jesús es que le busquemos a Él por ser Él mismo, no por lo que podamos recibir. Es verdad que de Cristo recibimos gracia tras gracia, pero que los dones de su misericordia nos lleven a Él: no te quedes solo en lo que te da, búscale a Él. Buscarle por lo que es, por quién es, ¡Ojalá cada día profundices en ello y purifiques tu intención hacia el Señor!

MARTES III SEMANA DE PASCUA

1. Moisés vs Jesús.
2. El don más grande que les hizo
Moisés de parte de Dios.
3. Un pan mejor.

1. El evangelio de hoy presenta una parte del largo y denso discurso de Jesús sobre el pan de vida que san Juan recoge en su capítulo sexto. Los judíos replican al Maestro pidiendo un signo: *¿Y qué signo haces tú, para que veamos y creamos en ti? ¿Cuál es tu obra? Nuestros padres comieron el maná en el desierto, como está escrito: «Pan del cielo les dio a comer»* (Jn 6, 30-31). La respuesta de Jesús hace salir a la luz lo que hay en el fondo de la petición de sus interlocutores: *En verdad, en verdad os digo: no fue Moisés quien os dio pan del cielo, sino que es mi Padre el que os da el verdadero pan del cielo* (Jn 6, 32). Es la comparación de Jesús con Moisés el contexto fundamental de todo este capítulo de San Juan[1]. En esa dirección apunta la referencia al gran don que les ofre-

---

[1] Cfr. BENEDICTO XVI, *Jesús de Nazaret*, 312ss. Y lo que sigue.

ció Moisés en el desierto, el maná que les alimentó durante su larga travesía, como término de comparación del signo que piden a Jesús.

Por eso, para entender bien lo que está en juego es preciso que consideres quién es Moisés para los israelitas. Moisés es el gran profeta, de quien dice el libro del Éxodo que el Señor hablaba con él *cara a cara, como un hombre con un amigo* (*Ex* 33, 11). No ha habido nadie como él en Israel (cfr. *Dt* 34, 10). Él llevaba la palabra de Dios al pueblo porque hablaba con el Señor y estaba cerca de Él. Sin embargo, cuando pide a Dios ver su rostro y contemplar su gloria, el Señor le dice: *Podrás ver mi espalda, pero mi rostro no lo verás* (*Ex* 33, 23). Ahí tienes el límite de Moisés: nos ha hablado de Dios y ha traído su palabra, pero solo ha podido mostrarnos su «espalda». En cambio, Cristo es la misma Palabra de Dios que nos revela por la encarnación su rostro, porque contempla al Padre desde la eternidad.

¡Qué grandeza la de Moisés a quien se concedió ver la espalda de Dios! Pero si lo piensas, no es nada comparado con lo que a ti se te ofrece contemplar: el rostro de Dios que es Jesucristo, la Palabra hecha carne para que tú puedas asomarte a la intimidad de Dios que solo el Hijo puede conocer y aquellos a quienes Él se lo revele (cfr. *Jn* 1, 18).

2. Sigamos delineando un poco más la figura de Moisés. Además de ser quien mediaba entre Dios y el pueblo, llevando a este la palabra de su Señor y sacándolo de Egipto con grandes signos y prodigios, además de darles el maná que les alimentó en el desierto, Moisés es, ante todo, quien les da la Ley. La Torá es el otro don, junto con el maná, que identifica a Moisés como el más grande de los profetas. Incluso puede decirse que se trata del don más duradero de todos, pues la Ley se convertirá en la seña de identidad del pueblo y la referencia fundamental para orientar toda su vida. Y, en este sentido, Israel irá progresivamente comprendiendo que la Torá es el auténtico pan que ha recibido del cielo para alimentar toda su vida.

Se entiende entonces que al comienzo de este largo discurso Jesús llamara la atención sobre el hecho de que no han entendido el gran signo de la multiplicación de los panes. Les dice: *En verdad, en verdad os digo: me buscáis no porque habéis visto signos, sino porque comisteis pan hasta saciaros* (*Jn* 6, 26). Los judíos a los que hablaba Jesús centraban su interés en comer y saciarse, es decir, en una satisfacción terrena. Entendían la salvación como una situación terrena de bienestar general, y, por ello, reciben la reprimenda de Jesús.

No es una tentación del pasado. Solo piensa en la omnipresente referencia al «estado del bienestar» que puedes escuchar en los discursos políticos. Parece que el único horizonte de la vida en la tierra es lograr tal estado, que se identifica con tener todas las necesidades materiales cubiertas. No dejes que esa mentalidad se adueñe de ti. Pídele a Dios miras más altas. No permitas que la mundanidad que parece dominar nuestra sociedad te lleva únicamente a poner tus deseos y esperanzas en cosas materiales. Dios te ha creado para más y te quiere dar mucho más.

3. Y es que el ser humano tiene, en el fondo de su alma, hambre de algo que no son las cosas materiales. Por eso Jesús les decía a aquellos mismos que le buscaban porque querían más pan gratis: *Trabajad no por el alimento* *que perece, sino por el alimento que perdura para la vida eterna, el que os dará el Hijo del hombre* (*Jn* 6, 27). Ellos tenían la Ley, que era ciertamente un pan venido de Dios pero que hablaba solamente de la «espalda» de Dios, una sombra de lo que se nos ofrece a nosotros. Porque Jesús es Él mismo el pan de Dios *que baja del cielo y da vida al mundo* (*Jn* 6, 34).

Trabajar por el alimento que perdura para la vida eterna, como pide Jesús, significa para nosotros alimentarnos de Cristo. Él es el único y verdadero alimento para que tu vida posea la vida verdadera. El camino a Dios, la ley nueva que ha de regir tu vida, se identifica con la persona de Cristo. Todo pasa por Él. Y aunque requiere de nuestra parte el «trabajo» de buscarlo, no está al alcance de nuestra capacidad el obtener este pan, solo cabe esperarlo como don de Dios. Pero, ¿dónde buscarlo entonces? Jesús te lo dirá más adelante en el mismo discurso: *El pan que yo daré es mi carne para la vida del mundo* (*Jn* 6, 51). Has de buscar en la Eucaristía. Ahí tienes el auténtico pan del cielo, Cristo. Pídele a la Virgen santa el deseo de alimentarte de ese pan, y dejarte transformar por él en imagen viva de Jesús. Alimentarte de Jesús para ser como Jesús.

MIÉRCOLES III SEMANA DE PASCUA

1. ¿Cuanto peor, mejor?
2. La auténtica revolución.
3. Siempre hay gente buena y piadosa.

1. Un revolucionario ruso de finales del siglo XIX, Nikolái Gavrílovich Chernyshevski –toda una prueba de habilidad leer o escribir su nombre– acuñó la frase «cuanto peor, mejor» que inspiraría el pensamiento y las acciones de Lenin y de otros muchos políticos revolucionarios. La tesis era que activar el deterioro de las condiciones de los trabajadores y alimentar su descontento tendría un efecto catalizador en el desencadenamiento del proceso revolucionario que, según pensaban, era del todo necesario e inexorable.

Leyendo el relato de los Hechos de los Apóstoles que nos trae la primera lectura de la misa de hoy para nuestra consideración, podría parecer que se cumple esta máxima revolucionaria. Porque si atiendes al resultado, la extensión del evangelio fuera de Jerusalén y la alegría de aquellos de Samaría que acogen a Felipe, la persecución aparece como motor de la expansión apostólica. Y no es algo que digamos ahora nosotros dos mil años después, sino que está en la conciencia de los primeros teólogos y autores de la Iglesia, sin ir más lejos, san Jerónimo habla de que «aquella tribulación se convirtió en semillero del evangelio»[1]. ¿Nos volvimos revolucionarios entonces y es cierto que «cuanto peor, mejor»?

Responder afirmativamente significaría, como de hecho sucede siempre en el planteamiento revolucionario, despreciar el sufrimiento y la vida de muchos en aras de la consecución de un fin que justifica todo lo que suceda en el camino. Significaría querer como algo positivo la muerte, tortura y dolor de inocentes. Y como comprendes rápidamente, esto es inaceptable. Porque, en primer lugar, el sufrimiento, la injusticia y, en último término, la muerte no son queridas por Dios; al contrario, Él ha enviado a su Hijo para vencer sobre todo ello y terminar con la tiranía que ejercen sobre la humanidad. Y lo ha hecho desde dentro, padeciendo, sufriendo y muriendo. Y, por eso, nunca para un discípulo de Cristo es despreciable el dolor y el sufrimiento de uno de sus hermanos.

2. Pero, una vez descartado el principio revolucionario «cuanto peor, mejor», muy probablemente ronda tu cabeza la pregunta siguiente: ¿cómo encaja todo esto que venimos meditando con la frase de san Jerónimo antes mencionada y con la convicción de que en esa persecución está también la providencia de Dios? Para intentar comprenderlo tenemos que desplazar el foco de atención de la persecución a los perseguidos, del dolor

---

[1] SAN JERÓNIMO, *Comentario al Evangelio de San Mateo*, 1,10,23.

y el sufrimiento a los que lo padecen. Pasar de atender sobre todo a las estructuras y los procesos de cambio de las mismas, que es en lo que pone el acento un análisis revolucionario, a fijarnos en el verdadero factor de cambio que es la persona. Porque fueron aquellos primeros cristianos los que, en lugar de quedarse llorando en una esquina las muchas desgracias que se les venían encima, siguieron hablando del Señor allá donde la persecución les empujó. Fue su fe, su entrega generosa y su confianza en que Dios vence siempre lo que hizo que en sus vidas el dolor, la injusticia, e incluso la muerte, se convirtieran en ocasión de anunciar el evangelio. No porque la injusticia o la persecución fueran buenas y deseadas por Dios, sino porque ellos con sentido sobrenatural y fe en Dios las convirtieron en ocasión de sacar mucho bien, exactamente como hizo Cristo en la cruz: lo que era muerte y signo de condena lo transformó en fuente de vida y símbolo de salvación.

Aquí tienes el auténtico principio capaz de cambiarlo todo porque permite ver en todo lo que sucede una invitación de la providencia divina para dar lo mejor de cada uno y sacar el bien de que es capaz un alma noble que se fía en la gracia. Porque para un hijo de Dios no es verdad que cuanto peor, mejor, pero sí lo es lo que dice san Pablo: *a los que aman a Dios todo les sirve para el bien* (*Rm* 8, 28). Porque con fe y amor de Dios siempre encontraremos el modo de sacar ese bien escondido incluso en las situaciones más dolorosas y difíciles de la vida.

3. No quiero que pases por alto un detalle del relato del libro de los Hechos de los Apóstoles, que hemos tomado como pie para nuestra meditación. Me refiero a algo que dice, casi de pasada, para completar lo que en el capítulo anterior ha referido sobre Esteban y su martirio, cuando señala que *unos hombres piadosos enterraron a Esteban e hicieron gran duelo por él (Hch* 8, 2). En todos los lugares y ocasiones hay personas buenas y piadosas. Y conviene que lo recordemos siempre, porque a veces las dificultades y el estado general de la sociedad en que vivimos y de la propia Iglesia puede llevarnos al desánimo y a la tristeza. Reparar en esas personas que de manera callada y discreta manifiestan su amor a Dios y a la Iglesia con gestos como el que relata el libro de los Hechos, es una inyección de moral y de confianza en la gracia de Dios que continúa moviendo los corazones. Ver el bien hecho carne y dejarse instruir por esas verdaderas lecciones de vida y de fe que nos ofrecen personas de toda clase y condición es un auténtico don de Dios. Te confieso que en esto los sacerdotes tenemos ventaja, porque de manera cotidiana somos testigos de la delicadeza del alma de hombres y mujeres como los del evangelio. Y te aseguro que son fuente de inspiración y de consuelo, así como ocasión para fortalecer la fe en Dios. ¡Ojalá te fijes en la fe y la piedad de esas personas que de modo callado y discreto ofrecen frutos de amor tan cerca de ti!

JUEVES III SEMANA DE PASCUA

1. Un largo viaje para adorar a Dios.
2. La necesidad de alguien que te guíe.
3. La docilidad al Espíritu de Dios es una fuente inagotable de alegría.

1. La lectura del libro de los Hechos de los Apóstoles que se hace en la misa de hoy nos presenta el encuentro de Felipe con aquel ministro de Candaces, la reina de Etiopía. El alto funcionario real volvía de Jerusalén donde, nos dice el autor de los Hechos, había ido a adorar. Se trata por tanto de un judío o un prosélito piadoso que busca cumplir con Dios, haciendo un largo viaje. Etiopía de Jerusalén dista más de 4000 kilómetros, incluso en carroza es un viaje duro y penoso. Sin embargo, eso no detuvo a aquel hombre y venció su comodidad para ponerse en camino hacía el lugar donde reconoce la presencia de Dios, ¡y eso que esa presencia era solo una sombra de la que tú y yo poseemos!

Piensa ahora un momento a qué distancia tienes tú una iglesia, donde sí encuentras la presencia real de Dios para poder adorarlo, tratarlo, amarlo. Y considera si cuando por pereza llegas tarde a la misa, aunque sean unos minutos, o más aún, si pierdes la misa un domingo por falta de orden o por simple pereza, no te sonroja la buena disposición de aquel eunuco etíope. ¡Ojalá su ejemplo te mueva a mejorar en tu dedicación a Dios y sus preceptos!

La recompensa para el ministro de Candaces superó con creces lo que él mismo esperaba encontrar. Iba para adorar en el templo de Jerusalén y regresa, después del bautismo que recibe de manos de Felipe, convertido en templo vivo del Espíritu Santo. Así es Dios: no se deja ganar en generosidad. Da más de lo que podemos esperar. Contigo quiere hacer lo mismo. Únicamente es preciso que le des ocasión para ello, porque Él está siempre deseando derramar la abundancia de sus bienes. Por eso, no desaproveches esas ocasiones en que se pone un poco más difícil ir a misa un domingo, o un día entre semana si así acostumbras; tu esfuerzo por agradar a Dios se verá colmado por la generosidad del Señor. Para empezar, experimentarás cómo tu fe se fortalece y cómo te embarga una alegría interior que ya nadie te podrá quitar.

2. Pero aquel etíope solo con su buena voluntad no habría alcanzado el premio que Dios le tenía reservado; ni tampoco el Señor se lo quiere dar sin la intervención de uno de sus apóstoles, en concreto de Felipe. Fíjate que vuelve de Jerusalén leyendo al profeta Isaías, pero sin ser capaz de llegar al sentido de lo que dice la Escritura. Por eso, cuando Felipe le pregunta si comprende lo que lee, responde: ¿Y cómo voy a entenderlo si nadie me guía? (*Hch* 8, 31). Él mismo se da cuenta de que necesita a alguien que le guíe en el camino, si no, corre el riesgo de perderse y no llegar a la meta. También tú y yo necesitamos de esa guía. No te dejes embaucar por la tentación del enemigo de vivir tu fe aisladamente, a tu manera. Solos no podemos reconocer a Jesús en la realidad que nos rodea, ni siquiera en las Escrituras que nos hablan de Él. Es preciso que alguien lo señale para nosotros, como hizo Felipe para el eunuco. Ten la humildad de reconocer que necesitas de esa guía y pídele a Dios que te ponga Él en el camino a la persona adecuada para ello, como hizo con el ministro de Candaces.

Reconocer esa necesidad es el primer paso; el segundo es ponerse en sus manos. El eunuco, después de responder a Felipe que no entiende porque no hay quien le guíe, le invitó a subir a su carroza y a sentarse junto a él (cfr. *Hch* 8, 31). Pídele a Dios hacer lo mismo. Lo que necesitas se llama acompañamiento, dirección espiritual, o como quieras denominarlo. Pero solo será eficaz si haces como el ministro etíope y dejas que esa persona que te acompaña entre en tu vida y comparta contigo el camino. Esa invitación a entrar en su carroza significa la invitación a entrar en su intimidad. Si no dejas que entre en lo íntimo de tu vida esa persona que te guía en tu vida espiritual, será muy difícil que pueda ayudarte de verdad. ¡Ojalá le pidas a Dios tener sinceridad y abrir tu alma a quien puede guiarte, como Felipe al eunuco, por los caminos de la santidad!

3. Si lo piensas detenidamente en el trasfondo de lo que venimos meditando está la docilidad al Espíritu de Dios. El eunuco se muestra dócil a ese Espíritu desde el mismo momento que inicia su viaje, pero también en su deseo por buscar a Dios a través del camino que Dios mismo le ha ofrecido: la Sagrada Escritura. Felipe por su parte va, dirigido por un ángel del Señor, al encuentro del ministro etíope: no es su iniciativa sino la de Dios. Pero todavía encontrarás más docilidad al Espíritu Santo por parte de ambos al final de la escena, y el fruto de esa docilidad como señala el papa Francisco, es la alegría: «después de la ceremonia de este bautismo, nosotros pensamos que quizá los dos siguieron hablando, dialogando. No, cuando salieron del agua – dice la Escritura– el Espíritu del Señor arrebató a Felipe: ¡inmediatamente! Y el eunuco ya no lo vio más. Los Hechos de los Apóstoles dicen que Felipe, dócil, se encontró en Azoto para evangelizar. Cierto, esto no estaba en sus proyectos, pero fue dócil al Espíritu. Y, en cambio, ¿qué le pasó al eunuco? No le vio más. ¿Lloró? ¡No! ¿Se lamentó? ¡No! Es más, la Escritura nos dice que siguió gozoso su camino: la alegría del Espíritu, de la docilidad al Espíritu»[1].

No lo dudes: en seguir los planes de Dios encontrarás siempre más alegría que en buscar realizar los tuyos. El eunuco y Felipe continuaron cada uno su camino, llenos de alegría y con la compañía del Espíritu Santo. Cuando Él guía tu camino, si eres dócil, la alegría está garantizada; con independencia del estado de las cosas; si secundas al Espíritu, la paz interior y la alegría de fondo no te abandonarán. Ruega a Dios ser siempre dócil al guía supremo para tu vida que es su Espíritu, y así podrás proseguir siempre tu camino con la alegría de los dos protagonistas de la página de la Escritura que hemos meditado.

---

[1] Papa Francisco, *Meditación en la Domus Sanctae Marthae* (22-4-2016).

VIERNES III SEMANA DE PASCUA

1. El miedo a un Dios cercano.
2. Jesús no entiende de corrección política.
3. Un alimento que no asimilarás, sino que te asimilará a ti, si le dejas.

1. El evangelio de hoy nos ofrece el final del discurso del pan de vida que Jesús pronunció –según refiere san Juan– en la sinagoga de Cafarnaún. El Señor ha ido progresivamente revelando la naturaleza del auténtico pan de vida bajado del cielo hasta decir abiertamente: *Yo soy el pan vivo que ha bajado del cielo; el que coma de este pan vivirá para siempre. Y el pan que yo daré es mi carne para la vida del mundo* (Jn 6, 51). A primera vista la reacción ante un discurso así, que anuncia un Dios próximo y cercano hasta el punto de hacerse carne para darnos la vida verdadera, debería ser de entusiasmo. Y sin embargo la reacción de la gente es bien distinta, nos dice san Juan: *Disputaban los judíos entre sí:* «¿cómo puede este darnos a comer su carne?» (Jn 6, 52).

En el fondo no debe sorprenderte esta reacción. Como dice Benedicto XVI: «En realidad, esta actitud se ha repetido muchas veces a lo largo de la historia.

Se podría decir que, en el fondo, la gente no quiere te- ner a Dios tan cerca, tan a la mano, tan partícipe en sus acontecimientos. La gente quiere que sea grande y, en definitiva, también nosotros queremos que esté más bien lejos de nosotros. Entonces, se plantean cuestiones que quieren demostrar, al final, que esa cercanía sería imposible»[1].

A veces una objeción de orden intelectual sobre al- gún aspecto de la fe o de orden moral esconde, en reali- dad, una toma de posición previa que responde más bien al rechazo de un Dios que se mete en mis cosas. Porque un Dios grande, majestuoso y alejado de mis asuntos, al que no interesa mi día a día, sino que observa todo desde un horizonte lejano es, en el fondo más cómodo. En cambio, un Dios que me habla de mi vida concreta puede fácilmente resultar molesto. Piensa si esto no te ha sucedido en el pasado o te sucede actualmente en ocasiones. Sincérate contigo y con Dios, es el primer paso para vencer la verdadera dificultad: el miedo a un Dios cercano.

2. La respuesta de Cristo a las objeciones es muy lla- mativa para la mentalidad moderna acostumbrada a discursos sin aristas, políticamente correctos. Pero es que Jesús no se preocupa por la corrección política de sus palabras sino por la verdad que ha de iluminar al mundo. Por eso no concede con palabras más suaves y tranquilizadoras del estilo: «Tranquilos, no os preo- cupéis. En realidad, os estoy hablando simbólicamente. Digo carne, pero podéis entender enseñanza o algo se-

---

[1] Benedicto xvi, *Homilía* (29-5-2005). Y lo que sigue.

mejante». No. El Señor no rebaja un milímetro la exigencia de su discurso, al contrario, su respuesta aumenta el envite, pues es todavía más explícita: *En verdad, en verdad os digo: si no coméis la carne del Hijo del hombre y no bebéis su sangre, no tenéis vida en vosotros. El que come mi carne y bebe mi sangre tiene vida eterna y yo lo resucitaré en el último día. Mi carne es verdadera comida, y mi sangre es verdadera bebida. El que come mi carne y bebe mi sangre habita en mí y yo en él* (*Jn* 6, 53-56).

Jesús mantiene firme su discurso, no se mueve. A pesar de que será causa de que muchos –incluso entre sus discípulos– le abandonen (cfr. *Jn* 6, 66), no dulcifica lo más mínimo sus palabras. Jesús no cede a la tentación de acomodarse a lo que resulte más fácil de aceptar. Y no puedes poner en duda la buena disposición del Señor que ha bajado del cielo y se ha encarnado para seguir un camino plenamente humano en la revelación de Dios. No es una cuestión de hasta dónde se puede ceder. Cuando está en juego lo esencial, y la Eucaristía lo es, no se pueden hacer componendas. Cristo no las hace, desde luego, ¿y tú? Porque es una tentación que el enemigo te presentará, y de forma reiterada. ¡Ojalá la rechaces con firmeza! Recuerda que con la tentación –y la de rebajar y edulcorar las palabras de Cristo lo es de manera eminente– no cabe diálogo alguno. Si lo entablas, ya has perdido.

3. Cristo en la Eucaristía es el alimento que te ofrece Dios para conferirte la vida verdadera, no hay otro. Por la Eucaristía Jesucristo está realmente presente en ti, en tu alma en gracia. No es una presencia estática para ser contemplada o admirada únicamente. Es una presencia dinámica, transformadora, que te aferra para hacerte suyo. Es una presencia que cambia, que te cambia. Es un alimento muy singular, como magistralmente expresa san Agustín haciendo hablar a la propia Eucaristía: «Yo soy manjar de adultos. Crece y me comerás. Pero no me transformarás en ti como asimilas corporalmente la comida, sino que tú te transformarás en mí»[2].

Si comes del pan eucarístico podrás tener vida eterna, como te promete el Señor, porque serás transformado en Él. Una transformación para la cual tienes el tiempo precioso de tu vida en la tierra. Porque, aunque el poder del sacramento es ilimitado, porque es el mismo Cristo a quien recibes, tu capacidad para recibir sí es limitada. Por eso no puedes de una vez ser transformado, sino que requieres de una frecuente cercanía a Cristo eucaristía para que paulatinamente, al ritmo que puedas seguir, te vaya cambiando por dentro. Del mismo modo que no se dobla repentina y bruscamente un metal, pues corre el riesgo de quebrarse, sino que se calienta y se le va haciendo ceder poco a poco, así hace la presencia eucarística de Jesús contigo. No te impacientes, Él no lo hace. Pero a la vez no pongas resistencia. Acércate a la Eucaristía con las debidas disposiciones y la apropiada reverencia para que la fuerza del pan de la vida haga que tengas en ti la vida del mismo Dios.

---

[2] San Agustín, *Confesiones*, ii, 10, 16.

SÁBADO III SEMANA DE PASCUA

1. El sentido común de los que se marchan.
2. Un sentido y un criterio mejor, el de Pedro.
3. La respuesta incluye la entrega.

1. El resultado del discurso del pan de vida, tal y como podía adivinarse por las reacciones de sus oyentes mientras lo iba pronunciando, es el rechazo de muchos hacia Jesús y sus palabras. Nos dice san Juan en el evangelio de hoy: *Muchos de sus discípulos, al oírlo, dijeron: «este modo de hablar es duro, ¿quién puede hacerle caso?». (…) Desde entonces, muchos discípulos suyos se echaron atrás y no volvieron a ir con Él* (*Jn* 6, 60.66). Es la voz del «sentido común»: ¿quién puede aceptar esas palabras de Jesús?, ¿no son una exageración? Puedes imaginar la escena perfectamente: la multitud, congregada en torno al Maestro para escucharle con el entusiasmo por haberse hartado con el pan multiplicado prodigiosamente por Jesús, se va dispersando en pequeños grupitos que se alejan comentando lo inaceptable de las palabras de Cristo. Jesús mira con tristeza cómo aquella muchedumbre se va y rechaza su enseñanza. Y no rechazan cualquier cosa, es el mismo pan de vida, el alimento de la inmortalidad. Con eso Jesús ni puede ni quiere contemporizar porque está en el núcleo de su misión. Él es el pan vivo, Él está en la Eucaristía, rechazar ese pan, es rechazarle a Él. ¡Qué dolor el de su corazón al contemplar esa desbandada! Ponte a su lado y compártelo con Él porque también hoy hay muchos que –como entonces– se marchan y dejan a Cristo porque juzgan las palabras del evangelio exageradas y excesivas.

Entonces Cristo, ante esa deserción masiva de muchos de los suyos, se vuelve hacia los más íntimos, hacia los Doce, y les pregunta: ¿También vosotros queréis marcharos? (*Jn* 6, 67). Una pregunta que traspasa el alma de quien ama a Jesús. Una pregunta que te hace también a ti, que eres de sus íntimos –pues en la oración es donde Cristo comparte su intimidad–. Ante la defección de tantos amigos o amigas, compañeros, incluso familiares tuyos, Jesús te mira y te pregunta: «¿También tú me dejarás?». Piénsalo bien, ¿qué responderás?

2. A la pregunta de Jesús salta Pedro como un resorte, casi herido por la pregunta que parece poner en duda su amor a Cristo y su lealtad, y dice: *Señor, ¿a quién vamos a acudir? Tú tienes palabras de vida eterna; nosotros creemos y sabemos que tú eres el Santo de Dios* (*Jn* 6, 68-69). ¡Bendito Pedro! Todo corazón, no soporta la sombra de duda sobre su adhesión al Señor. Y es esto lo que quiere Jesús: provocar con su pregunta. Él sabe bien lo que hay en el corazón de cada persona, si pregunta es para que quede de manifiesto, para que el mismo Pedro se escuche pronunciar esa confesión de amor y de fe tan extraordinaria. ¡Cuánto puedes aprender de Pedro y su respuesta!

En primer lugar, nota que Pedro no entra en si ha entendido o no, no hace referencia directamente al discurso que ha provocado el altercado. Es muy posible que el mismo Pedro no hubiera entendido mucho más que los que se marchan desanimados, entonces, ¿por qué él no se va, sino que hace una confesión de fe semejante? La diferencia está en su amor a Jesús, que nace de reconocer que con Él su vida cobra un sentido nuevo. Quizá no entienda del todo sus palabras, pero sí comprende que solo con Cristo su vida puede realizarse en plenitud. Y ese se ha convertido en el criterio para orientar sus decisiones. Un criterio que tú también puedes descubrir y tener. Como decía san Juan Pablo II a los jóvenes en la JMJ del 2000: «Muchas palabras resuenan en vosotros, pero solo Cristo tiene palabras que resisten al paso del tiempo y permanecen para la eternidad. El momento que estáis viviendo os impone algunas opciones decisivas: la especialización en el estudio, la orientación en el trabajo, el compromiso que debéis asumir en la sociedad y en la Iglesia. Es importante darse cuenta de que, entre todas las preguntas que surgen en vuestro interior, las decisivas no se refieren al "qué". La pregunta de fondo es "quién": hacia "quién" ir, a "quién" seguir, a "quién" confiar la propia vida»[1].

Confía en Jesús, orienta tu vida hacia Él, no te defraudará. Aunque a veces no entiendas todo lo que te dice o te pide, confía como Pedro. Porque la vida con Él es más plena, más emocionante, más verdadera y, además, se convierte en promesa de la vida eterna.

---

[1] San Juan Pablo ii, *Homilía* (20-8-2000). Y lo que sigue.

3. La respuesta de Pedro incluye al resto de los Doce, no es casualidad, ni tampoco un mero ejercicio de porta-vocía. Pedro no puede dar su respuesta solo, ni seguir a Cristo solo; tú tampoco puedes. Has de darle a Jesús tu respuesta personal, como san Pedro, pero tampoco pue-des hacerlo en solitario. Hay una referencia a los demás que resulta ineludibles. Si lo piensas, la razón de esto es que el mismo lugar de tu encuentro con Jesucristo, que es la Eucaristía, te habla también de los demás, por-que significa el sacrificio de Jesucristo en favor de los hombres. Por eso, en palabras, de nuevo, del santo papa polaco: «Celebrar la Eucaristía "comiendo su carne y bebiendo su sangre" significa aceptar la lógica de la cruz y del servicio. Es decir, significa ofrecer la propia dispo-nibilidad para sacrificarse por los otros, como hizo Él». Quizá Pedro aún no lo sabía del todo con certeza, pero su decir «sí» a Jesús implicaba necesariamente decir que sí a la entrega y al sacrificio por los demás.

Es posible que fuera la referencia al sacrificio y a la entrega que atraviesa todo el discurso eucarístico de Jesús lo que provocara el rechazo. No sería extraño, porque entrega reclama entrega. Y el «sentido común» tiende a reservarse, no a darse. No temas por ello, tam-poco pongas excusas: no pienses que no te ves capaz o que te falta preparación. También le faltaba todo eso a Pedro cuando respondió a Jesús confesando su fe en Él. Tan solo confía en Jesús, como él, aferrándote a lo más grande que te ha sucedido en la vida: haberte en-contrado con el Señor. Esta certeza te sostendrá en la duda, incluso en la traición –como sostuvo a Pedro y le hizo volver al Maestro–, lo demás importa poco o no importa.

DOMINGO IV DE PASCUA CICLO A

1. Cristo es el Buen Pastor que da la vida por sus ovejas.
2. El sacerdocio es el amor del corazón de Jesús.
3. Pedir a Dios buenos y santos pastores.

1. Cristo es el *Buen Pastor que da la vida por sus ovejas* (*Jn* 10, 11). ¿Qué significa que Jesús es el Buen Pastor? Pienso –y quizá puede servirnos para iniciar hoy nuestra oración– que ese pastoreo que representa Cristo está marcado al menos por tres características: Cristo es el Buen Pastor que protege a su rebaño, que está siempre pronto a las peticiones de sus hermanos los hombres, y que, al mismo tiempo, obedece a la voz del Señor de las ovejas, su Padre Dios.

En primer lugar, Cristo conoce y protege a cada una de sus ovejas. Nos conoce por nuestro nombre. Como dice Benedicto XVI, el Buen Pastor cuida a las ovejas, «las custodia como bienes preciosos, dispuesto a defenderlas, a garantizarles bienestar, a permitirles vivir en la tranquilidad. Nada puede faltar si el pastor está con ellas»[1]. No somos extraños para Él: sabe lo que nos

---

[1] Benedicto XVI, *Audiencia* (5-10-2011).

duele o nos alegra, lo que nos entristece o nos apura, lo que nos agobia o nos libera. Nos conoce personalí-simamente, como un amigo íntimo, como una madre, como un padre. Nos conoce y nos ama; nos protege y nos conserva. El Buen Pastor será capaz de dar la vida por sus ovejas.

Por eso –y ahí va la segunda característica–, es capaz de escucharte. Pide; pide a Cristo. Son muy ingratos los hijos que dejan de pedir cosas a Dios con cualquier excusa, porque, en el fondo, han perdido o bien la confianza en Él, o bien el amor y la humildad suficientes para suplicarle. Jesús responde prontamente a las peticiones que le hacemos: a veces concediéndolas sin más, otras veces de un modo que quizá no vemos. Pero siempre nos escucha, y nos responde, y nos ayuda a crecer.

En tercer lugar, vemos cómo Jesús es el Buen Pastor siempre obediente, que quiere llevar todas las ovejas a su Padre, al cielo, y está dispuesto a hacer cada una de las cosas que su Padre le pida. Por eso, el Buen Pastor dio su vida por nosotros, porque quiso, porque nos quiso: *Nadie me quita la vida, soy yo quien la da libremente* (*Jn* 10, 18). ¿Nos damos también nosotros –libremente– a Dios y a los demás?

2. Jesús sigue actuando como Buen Pastor en medio de nosotros a través de sus sacerdotes. El sacerdocio es –en expresión del santo Cura de Ars– el amor del corazón de Jesús.

El corazón es la sede de los más íntimos sentimientos y amores del ser humano. En el corazón de Cristo hay un amor grande por los hombres, pues Él quiere que *todos se salven y lleguen al conocimiento de la verdad* (*1 Tm* 2, 4). El objeto principal del amor de Cristo es la salvación de los hombres, que pasa necesariamente por su paz y felicidad ya en esta tierra. Convéncete, Cristo desea con toda su alma que tú y yo podamos estar en gracia de Dios y comulgar con Él, llegando a ser portadores de paz y de alegría.

Por eso, el amor del corazón de Jesús es el sacerdocio. A través del ministerio de los sacerdotes, los hombres comienzan su relación de amistad con Dios por el bautismo; a través de ellos, se hace presente el cuerpo y la sangre de Cristo en los altares; a la voz de los pastores se siguen perdonando los pecados en cada confesión bien hecha... y es también el sacerdote el que acompaña a las almas que salen de este mundo, encomendándolas a la misericordia de Dios con su oración: «Sal, alma cristiana de este mundo en el nombre de Dios Padre omnipotente, que te creó; en el nombre de Jesucristo, Hijo de Dios vivo, que por ti padeció; en el nombre del Espíritu Santo, que te fue dado...».

«¡Oh, qué grande es el sacerdote!» –dice san Juan María Vianney–. «Si se diese cuenta moriría... Dios le obedece: pronuncia dos palabras y Nuestro Señor baja del cielo al oír su voz y se encierra en su pequeña hostia... Si desapareciese el sacramento del Orden, no tendríamos al Señor. ¿Quién lo ha puesto en el Sagrario? El sacerdote. ¿Quién ha recibido vuestra alma apenas nacidos? El sacerdote. ¿Quién la nutre para que pueda terminar su peregrinación? El sacerdote. ¿Quién la preparará para comparecer ante Dios, lavándola por última vez en la sangre de Jesucristo? El sacerdote, siempre el sacerdote. Y si esa alma llegase a morir [a causa del pecado] ¿quién la resucitará y le dará el descanso y la paz? También el sacerdote... ¡después de Dios, el sacerdote lo es todo! Él mismo solo lo entenderá en el cielo...».

Agradece al Señor que nos haya dado a los sacerdotes y pide para que cada uno de ellos se dé más cuenta cada día –¡un poquito más cada día! – de la llamada que ha recibido de Dios y de lo mucho que cuenta para los demás.

3. *Rogad al dueño de la mies que mande trabajadores a su mies* (*Lc* 10, 2). El Señor nos pide en el evangelio que recemos por las vocaciones, y en concreto por las vocaciones sacerdotales. Si queremos agradecer a Jesús sus cuidados, no basta darle las gracias: ¿pides a Dios que haya muchos y más santos sacerdotes?

Los buenos pastores nos enseñan a orar, cuando los encontramos de rodillas en la iglesia, dirigiendo la mirada a Dios, y poniendo delante de Él tantas peticiones que reciben cada día. «Este es el que ama a sus hermanos, el que ora mucho por su pueblo; el que entregó su vida por los hermanos»[2]. ¡Esos son los sacerdotes!: aquellos que sepultaron su propia vida por interceder a favor de sus hermanos.

Los buenos pastores nos enseñan a participar de la Misa; cuando los vemos celebrar con devoción, mirar con amor la sagrada Hostia, ser reverentes, elegantes, íntimos en cada uno de los gestos de la liturgia. Un sacerdote –como cualquier cristiano, pero ellos especialmente– vale lo que vale su Misa. Del mismo modo que celebra, así vive… tal como participamos de la Misa, así somos…

---

[2] *Liturgia de las Horas,* responsorio breve. Segundas vísperas común de pastores.

Los buenos pastores ilustran con su vida y su palabra la misma misericordia del Altísimo. ¡Cuántas veces hemos escuchado: yo te absuelvo de tus pecados! ¡Cuántas cadenas rotas por la misericordiosa palabra de Dios, que se hace presente a través de sus pastores! En la confesión, en la predicación, en la dirección espiritual... «El Sacerdote –quien sea– es siempre otro Cristo»[3].

Os daré pastores según mi corazón, para que os apacienten con ciencia y experiencia (*Jr* 3, 15). Pídeselo hoy muy intensamente a Dios en tu oración, y dale gracias por los buenos sacerdotes que ha puesto en tu camino a lo largo de tu vida.

---

[3] *Camino*, 66

DOMINGO IV DE PASCUA CICLO B

1. Dos pastores diferentes.
2. Discípulos misioneros.
3. Todo el mundo rezando.

1. El cuarto domingo de Pascua nos trae cada año la lectura del evangelio del Buen Pastor, un texto que casi conocemos de memoria. Por esta familiaridad con él puede suceder que no reparemos en la extraordinaria novedad que esconde.

En el relato de este año, Jesús opone la figura de dos tipos de pastores: el bueno y el asalariado; la pregunta parece que se impone: ¿Cuál es entonces la primera diferencia? El asalariado cobra por ese trabajo, no son sus ovejas, está contratado para cuidarlas de otro; mientras que el buen pastor es el dueño de esas ovejas, son suyas, las quiere, las mima, las protege y no encuentra otro pago que el amor que de ellas recibe. Incluso le parecería ofensivo que alguien quisiera pagar su trabajo, que en su caso tiene fuerza de misión.

El asalariado huye ante el peligro, *ve venir al lobo, abandona las ovejas y huye; y el lobo las roba y las dis-*

persa (*Jn* 10, 11); solo sabe velar por sí mismo, pone su vida a salvo sin mirar por las ovejas. Estas no entran dentro de su vida, no forman parte de su existencia porque, señala tristemente Jesús, *es que a un asalariado no le importan las ovejas* (*Jn* 10, 13). ¡Cada uno de nosotros somos importantes, insustituibles para Dios!

En cambio, continúa el Maestro, *Yo soy el buen Pastor, que conozco a las mías y las mías me conocen* (*Jn* 10, 14). Las ovejas son obra suya, es su Creador, su Dueño, su Pastor, su Esposo; ellas forman parte de las fibras más íntimas de su Corazón divino. Su razón de ser es precisamente el amor y cuidado de ese rebaño. «Conozco a las mías», hemos salido de sus manos, hemos sido creados a imagen y semejanza suya. Dios es el único que puede decir con toda rotundidad, y con toda la fuerza que esta palabra significa, que nos conoce. En Dios, conocer es amar, conocer es bendecir, *vio que todo era bueno*, dice el libro del Génesis (1, 31). Y todavía afirma más, comparando esa relación entre el Pastor y las ovejas a la que Él tiene con su Padre. Por el bautismo quedamos insertos en esta relación.

Este cuidado, esa identificación con el futuro de la grey le lleva a exclamar una de las palabras más bellas: *Yo doy mi vida por las ovejas* (*Jn* 10, 15). El amor por ellas es tan grande que se deja quitar la vida, pero no de una manera bruta e impersonal, sino entregándola libremente. Como tantas veces en los evangelios, Jesús está describiendo con esta imagen del Pastor su propia Vida, Pasión, Muerte y Resurrección.

2. Pero el Corazón de Jesús no queda reducido a los suyos, o, mejor dicho, el término «suyos» abarca a todos los hombres, estén o no estén cerca, quieran o no saberlo, Él les espera, piensa en ellos y los ama. *Tengo, además, otras ovejas que no son de este redil; también a estas tengo que traer, y escucharán mi voz, y habrá un solo rebaño y un solo Pastor* (*Jn* 10, 16). La misión de cada uno de nosotros –hijos de Dios por el bautismo–, como la de la Iglesia, es también procurar que muchos se acerquen a Dios; pero no de los fáciles (van más o menos a Misa, colegio religioso, familia piadosa, etc.), que también; no podemos conformarnos con estar a gusto entre nosotros, sino buscar a todos: a ese compañero de facultad o trabajo que se declara agnóstico, aquel otro que está rebotado, el uno que no cree en la sobrenaturalidad de la Iglesia, el otro que ha tenido una muy mala experiencia...

«En virtud del Bautismo recibido, cada miembro del Pueblo de Dios se ha convertido en discípulo misionero. Cada uno de los bautizados, cualquiera que sea su función en la Iglesia y el grado de ilustración de su fe, es un agente evangelizador, y sería inadecuado pensar en un esquema de evangelización llevado adelante por actores calificados, donde el resto del pueblo fiel sea solo receptivo de sus acciones. La nueva evangelización debe implicar un nuevo protagonismo de cada uno de los bautizados. Esta convicción se convierte en una llamada dirigida a cada cristiano, para que nadie postergue su compromiso con la evangelización, pues, si uno de verdad ha hecho una experiencia del amor de Dios que lo salva, no necesita mucho tiempo de preparación para salir a anunciarlo, no puede esperar que le den muchos cursos o largas instrucciones. Todo cristiano es misionero en la medida en que se ha encontrado con el amor de Dios en Cristo Jesús; ya no decimos que somos "discípulos" y "misioneros", sino que somos siempre "discípulos misioneros". Si no nos convencemos, miremos a los primeros discípulos, quienes, inmediatamente después de conocer la mirada de Jesús, salían a proclamarlo gozosos: "¡Hemos encontrado al Mesías!". La samaritana, apenas salió de su diálogo con Jesús, se convirtió en misionera, y muchos samaritanos creyeron en Jesús "por la palabra de la mujer". También san Pablo, a partir de su encuentro con Jesucristo, "enseguida se puso a predicar que Jesús era el Hijo de Dios". ¿A qué esperamos nosotros?»[1].

3. Se entiende que san Pablo VI consagrara este IV Domingo de Pascua a la Jornada Mundial de Oración por las vocaciones.«Reconocer que existe una llamada de Dios es darse cuenta de que toda la vida cristiana consiste en responder a ese amor a Dios: en el sacerdocio, en la vida consagrada, en el matrimonio, en la santidad en medio del mundo. La llamada del Señor –cabe decir– no es tan evidente como todo aquello que podemos oír, ver o tocar en nuestra experiencia cotidiana. Dios viene de modo silencioso y discreto, sin imponerse a nuestra libertad. Así puede ocurrir que su voz quede silenciada por las numerosas preocupaciones y tensiones que llenan nuestra mente y nuestro corazón.

Es necesario entonces prepararse para escuchar con profundidad su Palabra y prestar atención a los detalles de nuestra vida diaria, aprender a leer los acontecimientos con los ojos de la fe, y mantenerse abiertos a las sorpresas del Espíritu.

Si permanecemos encerrados en nosotros mismos, en nuestras costumbres y en la apatía de quien desper-

---

[1] *Evangelii Gaudium*, 120.

dicia su vida en el círculo restringido del propio yo, no podremos descubrir la llamada especial y personal que Dios ha pensado para nosotros, perderemos la oportunidad de soñar a lo grande y de convertirnos en protagonistas de la historia única y original que Dios quiere escribir con nosotros.

(...) Como sabemos, el Reino de Dios llega sin hacer ruido y sin llamar la atención, y solo podemos percibir sus signos cuando, al igual que el profeta Elías, sabemos entrar en las profundidades de nuestro espíritu, dejando que se abra al imperceptible soplo de la brisa divina»[2].

---

[2] PAPA FRANCISCO. *Mensaje para la LV Jornada Mundial de Oración por las vocaciones* (3-12-2017).

DOMINGO IV DE PASCUA CICLO C

1. La radiografía del Buen Pastor.
2. Un pastor bueno debe saber estar
donde el rebaño le necesita.
3. La guía de la buena oveja.

1. El Domingo cuarto de Pascua, que es el que hoy celebramos, nos presenta siempre en el evangelio un fragmento del capítulo décimo de san Juan, dedicado todo él a la figura del Buen Pastor. De ahí que se conozca a este domingo como el del Buen Pastor. Este año leemos el comienzo de dicho capítulo, donde se nos habla de las características del pastor y del rebaño, y de la relación que les vincula. Según palabras del Papa: «Contemplando esta página del Evangelio, podemos comprender el tipo de relación que Jesús tenía con sus discípulos: una relación basada en la ternura, en el amor, en el conocimiento recíproco y en la promesa de un don inconmensurable: *Yo he venido –dice Jesús– para que tengan vida y la tengan en abundancia (Jn* 10, 10). Tal relación es el modelo de las relaciones entre los cristianos y de las relaciones humanas»[1].

---

[1] Papa Francisco, *Ángelus* (11-5-2014). Y lo que sigue.

Es característica del Buen Pastor conocer a sus ovejas y llamarlas por su nombre. No olvides que conocer, en la tradición judía, se refiere no solo a una dimensión intelectual, sino que también comprende una connotación amorosa. El Buen Pastor de las ovejas las conoce y las quiere, se preocupa por ellas, por eso al contrario del ladrón y bandido, que solo busca robar, matar y hacer estragos, Jesucristo ha venido para dar vida a su rebaño, no para aprovecharse de ellas.

El Buen Pastor llama a cada oveja por su nombre. No son números ni estadísticas, cada una tiene una historia irrepetible y un valor propio. Cada oveja es un auténtico tesoro para su Pastor. Este es el vínculo de Jesús con nosotros. De amor, de ternura, como dice el Papa. Te quiere y te llama por tu nombre. Conoce todas tus cosas, tus penas y alegrías, tus derrotas y tus victorias, tus decepciones y esperanzas. Por eso no dudes en contárselas y compartirlas con Él, porque nadie te comprende mejor, ni nadie puede aliviar tu carga como Él.

2. Jesús advierte acerca de falsos pastores que son en realidad ladrones y bandidos; no es solo para el pasado esa advertencia. Dice de nuevo el papa Francisco: «También hoy, como en tiempos de Jesús, muchos se proponen como "pastores" de nuestras existencias; pero solo el Resucitado es el verdadero Pastor que nos da la vida en abundancia. Invito a todos a tener confianza en el Señor que nos guía. Pero no solo nos guía: nos acompaña, camina con nosotros. Escuchemos su palabra con mente y corazón abiertos, para alimentar nuestra fe, iluminar nuestra conciencia y seguir las enseñanzas del Evangelio». Hoy es un día muy apropiado para que ruegues a Dios por los pastores que Él ha elegido para ser en medio de su rebaño presencia del Buen Pastor que es Jesucristo. Reza hoy especialmente por los sacerdotes, los obispos, y, por supuesto, por el Papa.

Pide a Dios que, como Jesucristo, los pastores de su Iglesia conozcan bien a sus ovejas y las amen, y que sepan ponerse al frente de ellas e ir delante guiándolas y enseñándoles el camino. Porque un buen pastor, en ocasiones, debe ir por delante –como Cristo– para allanar el camino; para ver, y así adelantarse a los peligros que acechan; para dar buen ejemplo a su grey. Ir por delante exige valor y fortaleza, pide esto para los sacerdotes, especialmente para los que conoces.

Pero un pastor a imagen del Buen Pastor ha de saber también ir en medio del rebaño. Porque hay momentos en que estas necesitan de su compañía, de tenerlo a su lado, de ver de cerca su esfuerzo y su lucha por la santidad. Porque el pastor es también oveja del rebaño de Cristo y ha de recibir del Buen Pastor los cuidados que necesita, así como la llamada que le hace ser para sus hermanos presencia de Cristo. Por eso, ruega a Dios que sus sacerdotes sepan ir delante y junto a las ovejas, cuando así conviene; pero también pide que sepan ir detrás, con las rezagadas que pasan dificultades y que necesitan más aún de su atención. Porque el corazón del pastor ha de tener debilidad por los débiles y los que sufren. ¡Qué rato de oración tan provechoso si pides a Dios por todo esto!

3. El evangelio de hoy no solo te habla del Buen Pastor, también lo hace de la buena oveja. Si quieres ser buen miembro del rebaño de Cristo atiende a lo que caracteriza a esas buenas ovejas: escuchan la voz de Jesús y le siguen (cfr. *Jn* 10, 27). Escuchar la voz del Señor y seguirle, ahí tienes la guía de la buena oveja del rebaño de Jesús.

El rebaño necesita del pastor, y el pastor no es tal si no tiene un rebaño. Antes has pedido a Dios por los pastores de la Iglesia, pide ahora por el rebaño –del que formas parte–, que sea buen rebaño de Cristo. Si eres buena oveja, harás mejor al pastor al que Dios te encomienda. ¿Cómo puede la oveja hacer mejor al Pastor? El papa Francisco, con la ayuda de una cita de san Cesáreo de Arlés, te lo aclara: «Explicaba [san Cesáreo] cómo el pueblo de Dios debe ayudar al pastor, y ponía este ejemplo: cuando el ternerillo tiene hambre va donde la vaca, a su madre, para tomar la leche. Pero la vaca no se la da enseguida: parece que la conserva para ella. ¿Y qué hace el ternerillo? Llama con la nariz a la teta de la vaca, para que salga la leche. ¡Qué hermosa imagen! "Así vosotros –dice este santo– debéis ser con los pastores: llamar siempre a su puerta, a su corazón, para que os den la leche de la doctrina, la leche de la gracia, la leche de la guía"».

¿Quieres ser buena oveja? Demanda a los pastores de la Iglesia lo que precisan, exígeles la lucha por su santidad personal para que te puedan edificar en la tuya –a la vez que les encomiendas con fervor–. Pídeles que te den la palabra del Buen Pastor para poder escucharla y que te muestren su camino para seguirlo.

LUNES IV SEMANA DE PASCUA

1. Formación exigente para los otros Cristos.
2. Lealtad. Callar, sonreír y trabajar
3. Laboriosidad. Horario y atención. Basta y sobra.

1. Era el tiempo en que los sacerdotes aún cumplían el servicio militar obligatorio. Recién ordenados sacerdotes, fueron destinados a hacer el campamento con el resto de la tropa al norte de África. Claro que nadie les había avisado de que pronto habría una revuelta civil que acabaría con el protectorado y que sazonaría su estancia en el desierto con tintes de guerra.

Para don Pablo y don Miguel los días de maniobras se les hacían insufribles. El coronel, consciente de la tensión pre-bélica, no tuvo a bien eximirles del ejercicio. Caminatas de cuarenta kilómetros, arrastrarse por el suelo, brincar de un lado para otro y aprender a usar el fusil CETME que tan buenos resultados había dado al ejército de tierra. El descanso era una siesta de diez minutos y las noches dormidas de corrido.

A mediados de agosto hicieron una marcha durísima sin que nadie supiera por qué. Algunos soldados perjuraban por lo bajo, asegurando no poder más: decían estar al límite. El sol apretaba como nunca y las fuerzas comenzaban a escasear. Fue entonces cuando don Pablo y don Miguel se presentaron ante el superior para pedirle obviar esas maniobras. Querían montar en uno de los Jeeps del ejército de tierra. El sargento accedió a la petición de los sacerdotes, si bien les advirtió: Pater, les recuerdo que todo este entrenamiento humano tan exigente se ordena al uso adecuado de un artefacto militar, que vale millones de pesetas y que no es otra cosa que una máquina de matar: un carro de combate, una pieza de artillería, ¡lo que sea! Suban ustedes al vehículo... Estoy convencido de que su formación para ser sacerdotes ha debido ser mucho más exigente y dura que la castrense, porque su vida se ordena no al uso de armas sino a la salvación de las almas. Si alguien necesita una preparación humana completa, esos son ustedes.

Todos los cristianos estamos necesitados de una formación humana exigente. Lo que el sargento supuso de los sacerdotes, bien se puede aplicar a todo bautizado. Recuerda que por ese sacramento debes ser portador de Cristo, actor de caridad. A través de tus gestos y de tu palabra puede llegar el amor de Dios a los corazones.

Conviene, por tanto, aplicar con fortaleza criterios exigentes que formen nuestra naturaleza humana para hacerla lo más agradable posible para el prójimo. La tarea de una formación humana cuidadosa es obligación para todo el que quiera comunicar la alegría de creer. Es un programa riguroso y que no se improvisa. Piénsalo: ¿te esfuerzas por ser una persona educada, atractiva, agradable y servicial? ¿Es tu humanidad reflejo de la de Cristo?

2. Sí, creo que fue en Singapur, aunque, bien pensado, no estoy seguro. No fue el primero en el cajón, aunque finalmente ganó el mundial. Algo así.

La parada de boxes en el circuito nocturno requería una precisión milimétrica. No obstante, perdió el primer puesto y no sé si alcanzó la meta. ¿La causa? Uno de los mecánicos había apretado un poquito menos la tuerca de una rueda. Un poquito menos de presión significó un desbarajuste bastante serio. Un fallo de exigencia le costó la carrera.

Una virtud en la que debemos apretar y que hará atractiva nuestra humanidad es la lealtad. Ella nos hará capaces de acercar a mucha gente a Dios. Lealtad a los amigos, a la palabra dada, a los superiores, a los que nos confían sus secretos...

Si lo piensas fríamente verás que se trata de una virtud en crisis. Parece que pocas cosas venden más en las redes sociales y en los medios de comunicación que airear mails, mensajes y cosas privadas del prójimo.

Es posible que tanta indiscreción te agote. Puede ser que estés «cansado de luchar. Te ha asqueado ese ambiente, caracterizado por la falta de lealtad... ¡Todos se lanzan sobre el caído, para pisotearlo!

No sé por qué te extrañas. Ya le sucedió lo mismo a Jesucristo, pero Él no se echó atrás, porque había venido para salvar justamente a los enfermos y a los que no le comprendían»[1].

Aprieta filas junto a Cristo y ajusta bien las tuercas de tu entrega, porque el mejor remedio contra la crítica

---

[1] *Surco*, 361.

desleal es el amor sincero. ¿Cómo? Basta con callar y trabajar duro; mirar siempre hacia adelante.

3. Aún podemos detener nuestro entendimiento en la consideración de otra virtud humana que contribuirá sin dudarlo a incrementar tu apostolado. Otra tuerca que apretar. Me refiero a la laboriosidad.

Cabe pensar ahora, a modo de examen, en el orden de mi día. Si soy estudiante o profesional es lógico que las horas adquieran tintes diversos pero... ¿es mi día una jornada aprovechada?

Sin ánimo de abrumarte –y con la aspiración de desear hacer de la nuestra una jornada bien exprimida– te pido que leas lo que era un día para el beato Álvaro del Portillo mientras estaba en la escuela militar: «6-7 oración, 7 y cuarto a 7 y tres cuartos Comunión; vuelvo a casa y leo durante 20 minutos el Evangelio y hago una parte del Rosario. A las 8,25 paso revista a la Compañía y los locales, siguiendo con la instrucción en el campo hasta las 9,30, hora en que vuelvo a desayunar. Otra vez instrucción hasta las 12. De 12 a 1, un paseo a caballo, que es un ejercicio grandísimo. Termino hecho polvo. A la 1, la comida de la tropa. Como y a la instrucción, hasta las 5. De 5 a 6 la oración de la tarde. De 6 a 8, inglés y alemán; de vez en cuando, escribir cartas o cualquier cosa así. A las 8, cena a la tropa. De 8 a 9, la 2ª y 3ª parte del Rosario. Cena, hora de lectura y de 11 a 11.30, lo más tarde, me acuesto»[2].

---

[2] J. Medina Bayo, *Álvaro del Portillo. Un hombre fiel*, 158.

El diccionario de la Real Academia de la lengua española define laboriosidad como la cualidad propia del que es aplicado en su trabajo. ¿Lo somos?

Concreta en tu examen: ¿tolero la presencia del móvil –siempre vibrante– durante mis horas de estudio? ¿Soy consciente de lo mucho que me resta en eficacia y concentración, en sentido sobrenatural? ¿Consiento en distraerme con el primer ruido que acecha o la primera mosca que pasa? ¿Pongo el cien por cien de mis potencias en mi actividad? ¿Estoy en lo que hago?

Para aplicarse en esta virtud, finalmente, dos consejos: horario y atención. Con esto, bien hecho, basta y sobra.

MARTES IV SEMANA DE PASCUA

1. Hablar con franqueza. La sinceridad.
2. La mortificada costumbre de la urbanidad.
3. Medios para crecer. La educación, primer
peldaño de la caridad.

1. Son los fariseos los que piden a Cristo que hable con franqueza. ¡Tremenda paradoja! Los maestros del sofisma y del engaño, los seculares portadores de una salvación imposible para ellos y para los demás, exigen a la Palabra encarnada, palabra veraz, que hable con verdad y sencillez. ¿Se puede brindar a nuestra consideración mayor sinsentido?

Con todo, la escena nos sirve para recordar que queremos responder sinceramente a cada una de las circunstancias de la vida. Deseamos, por todos los medios, escapar de la doblez farisaica que conduce a la soledad y al aislamiento. ¿Qué haré para ser más sincero? Allá van unos consejos prácticos que esperan servirte de ayuda...

La franqueza se cuece en el hogar de una dirección espiritual bien hecha. Si tienes costumbre de hablar con un sacerdote o una persona que te ayuda y aconseja en materia espiritual, debes hacer el esfuerzo de ser absolutamente transparente. Como un cristal. Si tus conversaciones suenan a hojalata, en donde preguntado por la oración respondes que bien; al hablar del apostolado dices que estás en ello; al mentar la pureza dices que peleando; y al ser inquirido por tu mortificación concluyes que ahí estás, no te extrañe que esa conversación dé poco fruto. Para que sea útil, has de ir hasta el fondo: de punta a cabo. Toda tu interioridad. ¿Cómo se consigue eso? Por una parte, hablando sin vergüenza. Por otra, mediante un examen de conciencia frecuente y exigente, ya sea en la oración, ya sea por la noche, en el examen general del día. Y en ese examen, escribir: escribir, para luego hablar. Es un tema viejo: las cosas solo pensadas pronto se olvidan. Negro sobre blanco.

¿Quieres más? «¿Un medio para ser franco y sencillo?... Escucha y medita estas palabras de Pedro: "Domine, Tu omnia nosti..." –Señor, ¡Tú lo sabes todo!»[1]. Gustar la presencia de Dios es el mejor modo de decir la verdad al prójimo y al Señor, siempre presente. Somos veraces con los demás porque somos verdaderos delante de nuestro Dios.

Ánimo. Piensa que no eres el primero que lucha por mejorar en el campo de la sinceridad.

2. En estos días estamos considerando algunas virtudes humanas, tan esenciales. Traigamos ahora a nuestra consideración la urbanidad. Ella es capaz de abrir muchísimas puertas, pues hace agradable la presencia y el trato entre los hombres.

---

[1] *Surco*, 326.

La urbanidad consiste en tratar a cada persona como merece. Se manifiesta en contextos bien concretos, tales como la presentación de una persona a otra, el modo de comer o la higiene personal. Casi siempre está vinculada inicialmente al primer contacto con un desconocido, pero, en realidad, se presenta en muchísimos aspectos de la vida.

En primer lugar, es necesario aprender a tratar a los superiores. Es una costumbre que se ha perdido... y sin embargo ¡se echa tanto de menos! Por ejemplo, cuando se atiende a alguien en un negocio, es necesario saber tratarle de usted. El trato con los sacerdotes debe ser siempre educado. Si somos varones y nos presentan a otra persona, debemos aprender a dar la mano con firmeza: piensa que este gesto revela mucho de doblez o de sinceridad. Hemos de aprender también a mirar a los ojos a los demás sin ruborizarlos, a ser veraces sin ser avasalladores, a ser educados sin ser repipis... Si pensamos en Jesucristo, ¿no vendrá a nuestra memoria, inevitablemente, una imagen de buena –¡magnífica!– presencia?

Otro campo inmenso es el de la urbanidad en el comer, obvian comentarios. Baste una historia, por otra parte, cierta. Pedro estaba muy nervioso cuando le invitaron a cenar a casa de su novia. Rápido, fue al sacerdote a preguntarle cómo afrontar el difícil reto de comer con un montón de cubiertos, costumbre ajena en su casa, pero habitual en la de Macarena, su novia. Don Marcelo le explicó que los cubiertos se tomaban de fuera adentro. Todo salió a pedir de boca. Maca estaba encantada viéndole tan simpático, comportándose tan bien delante de sus padres. La crisis llegó en el postre, cuando le ofrecieron fruta. ¡Fruta! ¿Quién se pone a pelarla sin riesgo de que salga andando por la mesa? Su pavor debió ser tan patente que su futura suegra le sugirió si no prefería un yogurt. Eso, ¡yogurt! La chica de servicio lo depositó junto a él, con su platito y cucharilla. El bueno de Pedro bajó la guardia y eso fue su perdición. Retiró la tapa del envase y, por pura inconsciencia, le pegó tal lametón que el silencio se apoderó de la mesa de los Pérez-Sarmiento. Sin salida. Se puso rojo como un tomate, mientras Maca miraba al suelo. Uno de los hermanos mayores, consciente de la situación, hizo guasa del asunto y todo quedó en nada... mientras Pedro tardaba varios minutos en recuperar su habitual tono de piel.

Un último campo en que se manifiesta la urbanidad: ropa limpia, higiene correcta, pelo aseado. Aspecto pulcro que no es culto a la personalidad, sino pensar en los demás: no se trata de prodigarse con gastos desproporcionados en ropas carísimas, perfumes refinados o miles de caprichos, sino más bien habla de la mortificada costumbre de, por ejemplo, afeitarte todos los días o dejar tu ropa sucia en el cesto. ¿Me explico?

3. En este tercer punto de meditación nos detenemos, muy brevemente, en los medios que nos ayudarán a crecer en cualquiera de las virtudes que tanto ayer como hoy hemos repasado: el examen y el consejo. Puede surgir la duda en nuestro interior o, incluso la zozobra, de no saber en qué puntos debo trabajar o en qué aspectos incidir. Para eso contamos con estos estupendos medios.

Repasa ahora, delante de Dios, la calidad de tus exámenes diarios de conciencia. De esto ya hemos hablado, así que permíteme no detenerme en exceso. Tan solo una pregunta, ¿eres concreto?

Además del examen diario, los días de retiro espiritual (al menos uno largo, una vez al año) son una ocasión única para progresar en el necesario conocimiento de uno mismo. Tomar distancia de las ocupaciones cotidianas hace posible una visión más objetiva y serena de la propia persona. Es muy probable que durante unos días de apartamiento recibas luces que de otro modo ni siquiera imaginarías...

Todo ello, vertido en la dirección espiritual, construye una orientación adecuada que permite seguir conociéndonos más y más. Y seguir mejorando. En este sentido, los amigos son de una ayuda inestimable, puesto que suelen tener una percepción de nosotros mismos a veces más acabada. Entre bromas y veras –y en otras ocasiones, a través de la utilísima corrección fraterna–, ellos te permitirán ver tus defectos con una claridad mayor.

Nunca reproches a un amigo su corrección. Si de algo puedes estar seguro en tal caso, es de que ese es un amigo de los buenos. Se empeñó en decirte algo que para nada le resultó agradable. Tu dócil obediencia no hará inútil su consejo.

MIÉRCOLES IV SEMANA DE PASCUA

1. Por la santidad se lucha mejor en compañía.
2. Más sobre el valor de la amistad.
3. Algunas cosas que aprender de san Pablo.

1. La lectura del libro de los Hechos de los Apóstoles de la misa de hoy nos refiere el regreso de Pablo y Bernabé a Antioquía, acompañados por Juan Marcos. Allí encuentran una Iglesia viva en la que tienen oportunidad de volver a ver a viejos amigos antes de partir a una nueva misión apostólica. No es extraño que Pablo vaya siempre rodeado de amigos que le apoyan y sostienen en sus viajes. La amistad es un auténtico tesoro para ayudarnos a vivir el evangelio y responder a Dios en la llamada concreta que nos hace.

La santidad se lucha mejor en compañía de los amigos o en familia. El santo que hoy celebramos es también buen ejemplo de ello. San Isidro forjó su santidad con la ayuda inestimable de su esposa, santa María de la Cabeza. Ambos vivieron la santidad y lucharon contra las tentaciones, en familia.

Por eso, al hilo del ejemplo de Pablo y Bernabé o de san Isidro y su esposa, es muy conveniente que te preguntes si cuentas con esa compañía que pueda hacerte el camino de la santidad más amable. Si tienes entre tus amigos personas con las que puedes compartir el camino de la vida cristiana. Porque ellos tirarán de ti para arriba en los momentos en que te veas flojear. Te podrán aconsejar bien cuando lo necesites y apoyar y confortar en la dificultad. O, simplemente, escucharte y acompañarte en aquella circunstancia que te aflige. La fe necesita de ese ambiente para echar raíces, crecer y tomar vigor en tu vida. Rodéate de compañeros o compañeras de lucha por la santidad, sigue el ejemplo de Pablo que siempre anduvo rodeado de buenos amigos. Serán para ti una garantía y una tranquilidad. Son como un seguro de vida. No olvides lo que dice la Escritura sobre un buen amigo: *Un amigo fiel es como un refugio seguro, y quien lo encuentra ha encontrado un tesoro. Un amigo fiel no tiene precio y su valor es incalculable. Un amigo fiel es medicina de vida y los que temen al Señor lo encontrarán. El que teme al Señor afianza su amistad, porque, según sea él, así será su amigo* (Si 6,14-17).

2. Antes de detenernos algo más en san Pablo, quiero que pienses delante de Dios acerca de la amistad. Porque ese poder que tiene en tu vida, y que antes hemos considerado y visto tan beneficioso para tu camino a la santidad, también tiene su reverso. Antes hemos meditado sobre la amistad cuando es sana, verdadera y sincera, pero cuando fallan alguna de estas cualidades, cuidado, porque entonces fácilmente se desvirtúa. Y una amistad que se desvirtúa, es decir, que pierde su virtud, puede convertirse en un motor poderosísimo que te empuje hacia lo que te aparta de Dios y del bien. Se cumple lo que dice el adagio latino: «la corrupción de lo mejor resulta en lo peor».

Por eso conviene que con sinceridad examines tus amistades delante de Dios, no sea que algunas se hayan desvirtuado, o estén en proceso de hacerlo, y sean para ti no un apoyo y una ayuda sino una ocasión de caer y de hacer caer a otros. ¿Cómo hacer ese examen? –te preguntas–. ¿Cómo medir la amistad? La mejor forma de hacerlo es en función de lo que se comparte con el amigo, de lo que te une a él. A Pablo y Bernabé les unió el amor a Cristo y el afán de almas, la ilusión de ganar para el Señor a cuantos pudieran y comunicar la alegría del Evangelio. Eso te da la medida de esa amistad. Ahora haz lo mismo con las tuyas, piensa en lo que compartes con tus amigos. Si no te gusta lo que encuentras, quizá has hallado la razón por la que no terminas de despegar en tu vida interior y en la entrega de cada día. Es el momento de que le pidas a Dios fortaleza para variar tu rumbo en una cuestión tan decisiva como esta.

3. Fijémonos para terminar en lo que la lectura de la misa de hoy relata sobre el envío de Pablo y Bernabé; dice san Lucas: *un día que estaban celebrando el culto al Señor y ayunaban, dijo el Espíritu Santo: «Apartadme a Bernabé y a Saulo para la obra a que los he llamado». Entonces, después de ayunar y orar, les impusieron las manos y los enviaron»* (*Hch* 13, 2-3). Que no te pase inadvertida la familiaridad con el Espíritu Santo de aquellos cristianos ni la prontitud para secundar la indicación del Espíritu para que Pablo y Bernabé salgan de viaje.

Fíjate también en que no son ellos los que se dan a sí mismos la misión, son otros los que median para que les sea encomendada. La inspiración del Espíritu Santo se da en la Iglesia y para la Iglesia, la mediación de aquella comunidad así nos lo testimonia. Por eso, lo normal es que a ti también te llegue la inspiración del Espíritu mediada generalmente por personas puestas ahí por Dios para ti. Que conocerlas, y conocer sus flaquezas –como las conocerían también nuestros Pablo y Bernabé–, no te lleve a despreciar esa mediación que hacen para ti de parte de Dios.

Una última cosa que puede serte de provecho para tu meditación de hoy: san Pablo encontró su gran apoyo para la misión que debía desempeñar en la predicación de la pasión de Jesús. En efecto, en la cruz de Cristo halló la fuerza para llevar a cabo lo que le pedía el Espíritu y también el contenido fundamental de la misma: comunicar la vida que nace de la cruz, la misma vida que le sostenía a él. Pide a Dios descubrir este hontanar de su sabiduría que es la pasión y la cruz; alimentará tu vida y la de tus amigos.

JUEVES IV SEMANA DE PASCUA

1. El siervo no es más que su amo.
2. Más que hacer apostolado es que eres apóstol.
3. La alegría del apóstol.

1. El evangelio de la misa de hoy vuelve a situarnos en el Cenáculo, justo después de que Jesús haya realizado con los suyos el gesto del lavatorio de los pies. Un signo que anticipa su entrega en la cruz y que marca el modo en que deben amarse y servirse unos a otros los que estén dispuestos a seguirle. Porque, como dice el Señor: *En verdad, en verdad os digo: el criado no es más que su amo, ni el enviado es más que el que lo envía. Puesto que sabéis esto dichosos vosotros si lo ponéis en práctica* (*Jn* 13, 16-17).

Tú eres un enviado de Cristo, un mensajero de la buena noticia que Él trae al mundo. Lo eres del mismo modo que lo son todos y cada uno de los discípulos del maestro. Y tu ser enviado, tu ser apóstol, determina tu manera de actuar –¡Ojalá lo haga!–. Pero, en concreto, ¿qué significa entonces para ti, que eres enviado de Cristo, que un criado no es más que su amo? Una respuesta elocuente la puedes encontrar en el libro de los

Hechos de los Apóstoles, ejemplo magnífico de puesta en práctica de las palabras de Cristo que acabamos de recordar. Para aquellos primeros discípulos de Jesús, piensa por ejemplo en san Pablo –de cuyas andanzas apostólicas da cuenta cumplidamente el libro de los Hechos–, ser enviados de Jesús significó identificarse con Él cada vez más. Es decir, hacerse para los demás auténticos siervos, como lo hizo Cristo por todos. Por eso ahí tienes a Pablo viajando sin parar de un lado a otro, sin descanso, para llegar a los que ha sido enviado. Solo con la fuerza de la predicación, como Jesús, sin grandes estrategias ni artificios, como cuenta hoy la lectura de la misa (cfr. *Hch* 13, 13-25). Ese es un rasgo del siervo que no es más que su maestro: se apoya en lo mismo que hizo Él. Y Cristo no se apoyó en estrategias detenidamente estudiadas, sabiduría humana o en cualquier otro medio mundano, sino que su apoyo fue únicamente ser enviado del Padre y su estrategia cumplir la misión para la que se había encarnado.

2. Pero, si te fijas en los protagonistas de los Hechos de los Apóstoles y, en general, si consideras la vida de los santos, esa identificación con Jesús que está detrás del «no ser más que el Maestro» va más allá de una mera cuestión funcional, es decir, de una manera de hacer. Jesús te habla no solo de actuar, sino que, principalmente, te habla de ser. Ser como el Maestro y, por tanto, ser servidor de los demás como Cristo. Por eso, como te decía, si te fijas en san Pablo, por ejemplo, verás que su identificación con Jesús llega a todos los aspectos de su existencia. No hace la función de apóstol, sino que es apóstol de Cristo.

Esto tiene, si lo consideras un momento, importantes consecuencias para tu vida cristiana, que ya no puede ser entendida de ningún modo como una serie de prácticas que hay que realizar. Tu vida cristiana es precisamente «vida», alcanza a todo. No es solo ir a misa los domingos, rezar de vez en cuando, dar algo de dinero para la Iglesia y para obras de caridad. Tiene que ver con todo lo que eres, piensas y haces. Tiene que ver con cómo te dedicas a tu trabajo o estudio, con los deseos más profundos de tu corazón, con la manera de mirar y de tratar a las personas que tienes cerca… Todo lo abarca. Y lo abarca para hacer de ti semejanza de Jesús, es decir, alma que busca por encima de todo cumplir la voluntad del Padre y servir a la salvación de los hombres.

Por eso también no hay que esperar otro destino que el de Jesús: rechazado por muchos y despreciado por los poderes del mundo. Si te pareces de verdad a Cristo que no te extrañe que los fariseos de hoy y los poderosos del mundo te vean con recelo. Tampoco te quejes, mira a san Pablo y a tantos otros santos, ellos aprendieron de Jesús en la pasión a no quejarse, a ofrecer a Dios todo cuanto les sucedía. Pídele a Dios aprenderlo tú también.

3. Dice Jesús al final del evangelio de hoy: *En verdad, en verdad os digo: el que recibe a quien yo envíe me recibe a mí; y el que me recibe a mí recibe al que me ha enviado* (*Jn* 13, 20). Son palabras solemnes de Jesús. La identificación con Él a la que llama Jesús a sus discípulos es de acción y sobre todo de ser hasta tal punto que el destino de ambos resulta inseparable. Jesús ha querido unirte a Él de tal modo que no haya separación entre ambos.

Es muy consolador pensar que cuando te rechazan por ser enviado de Jesús, no estás solo, sino que es a Jesús a quien –muchas veces sin saber– rechazan. Pero también son palabras que deben ayudarte a ganar en humildad para que no se te suba a la cabeza un éxito apostólico. Recuerda que cuando te reciben, a ti y a tu testimonio, a quien están recibiendo realmente es al Señor y, en definitiva, a Dios.

Jesús te asocia a su persona y se compromete con tu destino. Por eso, como ha dicho antes: *Puesto que sabéis esto, dichosos vosotros si lo ponéis en práctica* (*Jn* 13, 17). Haz tuyas estas palabras y alégrate con el compromiso de Cristo para con tu apostolado: te envía, pero no te deja solo, sino que te acompaña siempre y te identifica con Él mismo. Y ponlo en práctica, es decir, que seas y hagas lo que Jesús espera de ti: su enviado. Pídele a Dios no dejarte llevar por la pereza o el desánimo; es Jesús quien te urge a llevarle a tus hermanos. Encontrarás en ello un camino maravilloso de identificación con el Maestro y también la alegría del apóstol que te anuncia Jesús en el evangelio.

VIERNES IV SEMANA DE PASCUA

1. Qué tristes son los dioses pensados por algunos filósofos.
2. Tres puertas para acceder al conocimiento del Dios que
nos revela Jesús: la primera, la oración.
3. Las otras dos: celebrar los misterios de Cristo e imitarle.

1. El evangelio de la misa de hoy comienza con una invitación de Jesús a creer: *No se turbe vuestro corazón, creed en Dios y creed también en mí* (*Jn* 14, 1). Creer en Dios y creer en Jesús es para nosotros, que somos discípulos de Cristo, parte del mismo acto. Significa creer en el Dios que se ha dado a conocer en Jesucristo. Creemos en Dios, en un Dios que es comunión de amor y que ofrece su vida a los hombres, que ha creado todas las cosas por pura benevolencia y que cuida de nosotros como de hijos queridos.

Sin embargo, un Dios así no ha gozado de la acogida favorable que presumiblemente habría de tener entre los hombres. La fe en un Dios como el que revela Jesús ha sido motivo de escándalo para muchos desde el mismo momento de la predicación del Señor. Siempre ha habido guardianes celosos de la trascendencia divina que no han podido soportar la idea de un Dios tan cercano con los hombres como es el Dios revelado en Cristo. Por este camino han tratado de llegar a Dios solo con su inteligencia personas de grandes dotes intelectuales como Kant o Voltaire, en lo que se ha dado en llamar «deísmo»: concebir un dios racional que no interviene en las cosas del mundo. Qué dios tan triste, al que no se puede invocar ni rezar.

Da gracias porque tú sabes que Dios es diferente, que no es un motor frío e inmóvil, ni una inteligencia calculadora y distante. Tú conoces y crees en el Dios que te ha mostrado Jesús desde la cruz: precisamente en el Dios que te abraza desde la cruz. Un Dios con corazón, un Dios alegre, me atrevo a decir que un Dios con sentido del humor, que le encanta verte reír y pasarlo bien disfrutando de las cosas maravillosas que ha creado para ti. Un Dios que te ha revelado en Jesús que te quiere feliz y lleno de una vida plena.

2. No pienses que caminos errados en la búsqueda de Dios, como del que te hablaba hace un momento a propósito de los deístas, son cosa del pasado o de –permíteme la expresión– unos cuantos frikis que se dedican a pensar más de la cuenta. Nada más lejos de la realidad. Se trata de un peligro que ha acechado a la fe de los cristianos desde el principio, como señala el papa Francisco: «desde los inicios, en la Iglesia existen las herejías, las cuales suelen consistir en buscar entender solo con nuestra mente quién es Jesús, como ha señalado un gran escritor inglés, Gilbert Keith Chesterton, que definía la herejía como una idea convertida en locura. En efecto, es así: cuando las ideas están solas, se convierten en locuras»[1].

---

[1] PAPA FRANCISCO, *Meditación en la Domus Sanctae Marthae* (16-5-2014). Y lo que sigue.

Por eso el camino para llegar a Dios no es un manual ni una cadena de razonamientos, sino una persona: Jesucristo. Al Dios que es amor y misericordia solo se llega por medio de una vida en compañía de Jesús, porque Él es el único camino que lleva al Padre. Y, si el camino es una persona, el método para poder conocer y llegar a creer en Dios no puede ser únicamente intelectual, no es una cuestión de saber más o estudiar más, sino que tiene que ver con todas las dimensiones de tu persona. El Papa habla, por esta razón, de tres puertas para conocer a Jesús y conocer así también a Dios.

La primera puerta es la oración. En la oración tenemos la oportunidad de compartir intimidad con Cristo, no solo ideas, sino sentimientos, ilusiones, tristezas, todo lo que llevas en tu corazón y lleva Él en el suyo. Tu oración no es solo el lugar donde descargas en Dios tus afanes y tus problemas, o le pides por las cosas que te preocupan. La oración es, ante todo, el lugar donde puedes conocer a Dios, donde puedes aprender de Él. Lo haces como se conocen mutuamente los amigos, no haciendo cuestionarios sobre el otro, sino viviendo juntos lo que la vida les va presentando. Abre esta puerta de la oración para que, tratando de amistad con Jesús, le puedas conocer a Él, y conociéndole a Él conocer a su Padre que le ha enviado.

3. Pero, señala el papa Francisco, «la oración sola no basta; es necesaria la alegría de la celebración: celebrar a Jesús en sus sacramentos, porque ahí nos da la vida, nos da la fuerza, nos da la comida, nos da el consuelo, nos da la alianza, nos da la misión. Sin la celebración de los sacramentos no llegaremos a conocer a Jesús». Esta es la segunda puerta, que te habla de compartir la vida con Jesús, pero también con los demás discípulos de Cristo. Sin esta puerta que es la celebración de tu fe en el seno de la Iglesia tampoco podrás conocer con profundidad al Señor. Esta puerta te permite salir de ti mismo y escapar del peligro de perderte por el camino de un cierto espiritualismo en tu trato con Dios, que al final te llevaría no a conocerle a Él sino a la imagen que terminarías haciendo en tu interior. La oración personal ha de ir acompañada siempre de la celebración de los misterios –de los sacramentos– de Cristo que la encauzan dentro de la comunidad de los amigos de Jesús.

Y, por fin, la tercera puerta, la imitación de Cristo. El conocimiento de Jesús nos lleva a parecernos a Él, como sucede también en la amistad humana. Y puedes decir que no le conocerás bien hasta que no sigas sus pasos en tus acciones. Es lo que suele decirse: para conocer a alguien hay que calzarse sus zapatos, es decir, hacer su camino. Si quieres conocer de verdad a Jesús, solo imitándole con tus actos podrás hacerlo. Y para ello, de nuevo te recomienda Francisco: «la consigna es coger el Evangelio para descubrir allí qué hizo Él, cómo era su vida, qué nos dijo, qué nos enseñó, para intentar imitarle».

Date cuenta de que las tres puertas no son sucesivas, como etapas en las que se pasa de una a otra, sino que han de estar simultáneamente abiertas en tu trato con Jesús si quieres de veras conocerle. Estate vigilante para que ninguna se cierre, ni tan siquiera se entorne, porque son el acceso del camino al Padre.

SÁBADO IV SEMANA DE PASCUA

1. ¿Qué es mejor, un hijo o un perro?:
nuestra sociedad y la falta de esperanza.
2. La virtud teologal de la esperanza.
3. La misericordia de Dios alimenta nuestra esperanza.

1. ¿Qué es mejor, tener un hijo o un perro? Esta pregunta abría el debate de un foro de internet. Cientos de reacciones. No me paré a examinarlas una a una. Diría que las respuestas estaban equilibradas: la mitad prefería un perro, la otra mitad un hijo. Cada uno argüía razones a favor del uno o del otro. Entre todas, destacaba la acérrima defensa con la que se expresaba una muchacha en defensa de los canes: ¡ellos nunca te van a traicionar! Los niños crecen (…) se les olvidan los valores de los padres, no son agradecidos y desilusionan a los padres..., los perritos te aman incondicionalmente, tengas o no tengas plata, comida, ropa, etc.

Ciertamente, cuando la mitad de la población –quizá exagero, es posible que sean más– prefiere un perro a un hijo, podemos estar seguros de que en nuestra sociedad prende –y a base de bien– una gran desilusión. No en vano, en los países occidentales nacen muy poquitos niños, y es muy posible que esto sea así por el egoísmo de los hombres... o porque nuestros contemporáneos viven el presente con tal angustia, que el futuro resulta demasiado duro como para traer una nueva vida al mundo.

Es propio de cristianos ser mujeres y hombres llenos de esperanza, y capaces de comunicarla. Ahora más que nunca. Nuestros familiares y amigos la necesitan, te necesitan: debemos fomentar en nuestro corazón el deseo de hacer que las personas que nos rodean crezcan gracias a nuestra alegría por el presente e ilusión por el futuro. Muchos de tus compañeros de trabajo o de clase –convéncete– no se deciden a andar hacia delante y salir del pecado, porque han perdido la esperanza de que sea posible llevar una vida recta y en paz.

2. La esperanza es una virtud teologal. Una virtud es un hábito adquirido a base de repetir muchas veces una cosa buena. Por ejemplo, una persona adquiere la virtud del orden a base de esforzarse muchas veces por ser ordenado: por tener a punto la mesa de trabajo o el armario de la habitación, por seguir un horario... Al final, a fuerza de repetirlo, se adquiere el hábito y, por seguir con el ejemplo, mantener ordenados los cajones se convierte en una tarea muchísimo más sencilla (y agradable). Con el vicio pasa lo mismo, pero al revés: se trata de repetir actos malos hasta llegar al hábito que casi hace perder la voluntad. El borracho llegó a serlo a base de beber mucho muchas veces, y ahora con gran facilidad se abandona a la bebida.

Pues bien, la esperanza es una virtud, en cuanto podemos crecer en ella a base de repetir actos de esperanza. Pero es al mismo tiempo teologal, porque es un don de Dios. Debemos dar muchas gracias a Dios por habernos regalado esta virtud y pedirle que la haga crecer en nosotros, al tiempo que nosotros mismos nos esforzamos por estar cada día más llenos de ella. Encontrarás ocasión propicia de crecer en esta virtud cuando caigas y reacciones con prontitud y alegría; cuando las cosas se pongan difíciles y parezca que no hay solución, y te abandones cn Dios; cuando cunda el pesimismo a tu alrededor y nadie sepa descubrir nada de bueno, y tú seas capaz de ver el lado positivo de las cosas... encontrarás, entonces, una buena oportunidad de ser una mujer o un hombre de esperanza.

Esta virtud nace, en último término, de un convencimiento: Dios es bueno y está pendiente de los hombres. Los filósofos griegos hablaron de muchísimas virtudes: estaban felices con la fortaleza de Ulises, un auténtico héroe; valoraban la paciencia, necesaria para vivir la vida en paz; trataban de ser justos, y distinguían diversos tipos de justicia... Nunca –o muy rara vez– hablaron de esperanza, porque desconfiaban de sus dioses que, sencillamente, pasaban de los hombres. Aquellas deidades estaban enredadas en sus disputas, llenas de celos y rivalidades, y no se ocupaban de las cosas humanas. Los griegos difícilmente conocieron la belleza de la providencia, del amor paternal de Dios por sus criaturas.

Nosotros, en cambio, sí que confiamos en Dios. Estamos convencidos de que Él nos quiere bien. Él es el primero dispuesto a darnos lo que le pedimos, siempre que lo hagamos con humildad y sencillez, con esperanza. Lo dice el evangelio de hoy: *Todo lo que pidáis al Padre en mi nombre, os lo concederá* (*Jn* 14, 13).

3. Existe una relación muy estrecha entre la fe y la esperanza. Quien cree en Dios y confía en Él necesariamente tiene esperanza, es optimista, porque sabe que por muy negativas que se presenten las cosas, Dios está pendiente de todas y cada una de ellas. Él manda. Él sabe más.

Vietnam. Año 1975. El gobierno de Ho chi Minh (antigua Saigón) define el nombramiento como obispo del sacerdote Nguyen Van Thuan como un complot. Tres meses después lo encarcelan. Pasó trece años en las cárceles vietnamitas.

En todos sus años de prisión, incluso durante los nueve que pasó en régimen de aislamiento, nunca perdió la esperanza, porque le conmovían lo que él llamaba los defectos de Jesús. Lo cuenta él mismo: «A los compañeros de prisión no católicos que me preguntaban cómo podía seguir esperando, les respondía: "He abandonado todo para seguir a Jesús, porque amo los 'defectos' de Jesús"». Y entonces aclaraba cuáles eran estos defectos:

«En la Cruz, durante su agonía, el ladrón le pide que se acuerde de él cuando llegara a su Reino. Si hubiera sido yo –reconocía monseñor Van Thuân– le hubiera respondido: "no te olvidaré, pero tienes que expiar tus crímenes en el purgatorio". Sin embargo, Jesús, le respondió: "Hoy estarás conmigo en el Paraíso". Había olvidado los pecados de aquel hombre».

En definitiva, los defectos de Jesús no son más que una manera de llamar a su infinita misericordia: «Lo mismo sucedió con Magdalena, y con el hijo pródigo. Jesús no tiene memoria, perdona a todo el mundo». Y este es un defecto que alimenta nuestra esperanza. Por eso le gustaba tanto al cardenal Van Thuan: «Jesús no sabe matemáticas. Lo demuestra la parábola del Buen Pastor. Tenía cien ovejas, se pierde una de ellas y sin dudarlo se fue a buscarla dejando a las 99 en el redil. Para Jesús, uno vale lo mismo que 99, o incluso más».

En la misericordia de Cristo, este obispo vietnamita aprendió la esperanza, porque quien ama nunca desespera: ni de sus propios pecados ni de los ajenos... Quizá también nosotros podemos comprender que siempre hay motivos –y más que suficientes– para esperar.

DOMINGO V DE PASCUA CICLO A

1. La calma de estar junto a Jesús Eucaristía.
2. La fe como fundamento de la paz.
3. Camina por Jesús hombre, para llegar a Jesús Dios.

1. Cuando las autoridades decidieron cerrar la iglesia, el sacerdote no se dio por vencido. Le dio muchas vueltas. Sabía que era necesario. No podía quedarse de brazos cruzados mientras los católicos quedaban sin la atención adecuada.

Más allá de la posibilidad de ir a una misa escondida o presentarse clandestinamente, era necesario encontrar una solución para que sus fieles pudieran seguir visitando a Jesús eucaristía.

Después de mucho pensar, tomó una determinación arriesgada. El Santísimo iría de casa en casa, de modo que los bautizados podrían pasar horas con Él: contarle sus cosas, pedir por lo que consideraban oportuno e implorar perdón. Para hacerlo posible adoptó, no obstante, las medidas pertinentes.

El lugar donde se pusiera el Santísimo debía ser digno y agradable, adornado con el máximo esmero. El mejor rincón de la casa. Además, debía estar siempre acompañado por algún miembro de la familia o de la comunidad parroquial. Finalmente, fueron severamente advertidos de la necesidad de consumir la Sagrada Hostia si venían las autoridades a hacer un registro. Mejor comulgar precipitadamente que exponer al Señor a un sacrilegio.

De este modo, todos los feligreses pudieron contar con Jesús cerca... y no solo ellos. En una ocasión, el teléfono sonó con insistencia. La anciana que velaba el Santísimo recibía una noticia que le obligaba a salir urgentemente de casa. Sin saber qué hacer, llamó a una vecina que, aunque fuera pagana y desconociera por completo el cristianismo, era muy amiga suya.

Se lo explicó a toda prisa y como pudo: «Me tengo que ir. Será poco tiempo, pero tú debes estar aquí hasta que yo vuelva». Su amiga, como es lógico, no entendía nada. «Mira: eso que ves ahí, blanco, es Jesús». Le explicó como pudo que ese de la custodia es Jesucristo, aquel en quien creen los cristianos, verdaderamente presente en ese trozo de pan. La vecina, aun sin entender nada, se comprometió a esperarla mirando ese trozo blanco que es Jesús...

Pasada una hora, la cristiana, por fin, volvió. Le agradeció a su vecina que hubiera estado sin moverse junto al Santísimo Sacramento. Lo sorprendente fue que esa mujer no quiso marcharse, sino que se quedó rezando con ella todavía un tiempo largo, porque «nunca he tenido tanta paz en toda mi vida».

*No perd*áis *la calma* (*Jn* 14, 1), dice Jesús en el evangelio de hoy. Probablemente, cumplir ese consejo tenga mucho que ver con el tiempo que somos capaces de estar delante del Sagrario. ¿Busco en el tabernáculo esa paz que el mundo no puede dar?

2. Jesucristo nos revela el secreto del sosiego interior: la fe. Afirma que es necesario creer en Dios y creer también en Él. De ese modo, el Señor consolaba a los maltrechos apóstoles, que sufrían en previsión de la próxima pasión. Son casi las últimas palabras del Salvador, antes de enfrentarse a la prueba final de su cruente y dolorosa muerte. Piensa en los suyos. Piensa en ti y en mí.

También nuestra vida está sacudida frecuentemente por la agitación. Las dificultades económicas, la falta de sentido en muchas de las cosas que hacemos, las múltiples decepciones del diario caminar, pueden minar la esperanza. Cuesta esperar, cuesta creer, y cuesta perseverar.

Quizá por eso no le bastó al Señor prometer calma a cambio de la fe. Continuó con sus palabras de aliento y nos recordó que la promesa a la fidelidad es el cielo. *En la casa de mi Padre hay muchas estancias* (*Jn* 14, 2), y yo me voy para prepararos sitio. Jesús nos espera en el cielo; Él ha ido primero para que nosotros, con mayor o menor dolor, con más o menos dificultades, vayamos después.

El fundamento de la paz interior es la promesa de Dios. El premio eterno, en el cielo. La gracia de Dios, en la tierra. Es Dios, que nos ayuda continuamente; camina con nosotros todos los días hasta el final del mundo.

Puedes estar convencido: si te sobra inquietud es porque te falta fe. ¿Por qué no le pides hoy a Dios, como hicieron sus mismos discípulos, que aumente tu fe? ¿Por qué no le pides esperarlo todo de Él, para poder implorar hoy con el salmista que *la misericordia de Dios venga sobre nosotros como lo esperamos de Él* (cfr. *Sal* 32)?

3. *Yo soy el camino, la verdad y la vida* (*Jn* 14, 6), afirma el Salvador. Él es el camino, porque a través de su humanidad hemos de caminar. Cerca de Jesús Eucaristía, próximos a la gracia de Dios recibida en la confesión, y partícipes de la potencia de su Palabra. Ese, y no otro es el camino.

¿Para qué? Para llegar a la verdad y a la vida. Para llegar a Jesús verdadero Dios; para conocer cara a cara a Dios Padre, Hijo y Espíritu Santo. Para gozar eternamente de la compañía de Dios.

Los apóstoles no parecieron entenderlo muy bien. Tomás le había preguntado a Jesús cuál era el camino, y después le dice que les muestre al Padre. No acaban de darse cuenta de que Jesús es camino y meta, hombre y Dios, todo para el creyente. ¿Quieres ser verdaderamente fiel? Ama de corazón a Jesús. Camina por Él y llegarás al cielo. Quiérele por encima de todas las cosas y de todos los hombres.

Así lo comprendieron las almas delicadas. Santa Teresita del Niño Jesús, por ejemplo, vivió unida a Dios desde su más tierna infancia. Recorrió el camino de la humanidad de Cristo de un modo realísimo. Le quería muchísimo, como se aman los esposos, los novios, los que se quieren de verdad. Se sabía su hija, su esposa, su amor y su vida. Tanto quiso a Jesús que pronto estuvo con Él. Murió a los veinticuatro años de edad; la verdad y la vida le aguardaban con la premura del enamorado que no puede esperar para ver a quien quiere.

Algo parecido podríamos decir de Gema Galgani. Murió a la edad de 25 años. Tan presente tenía la belleza de la casa preparada por Dios para ella, que emigró pronto de este mundo. El camino no fue otro que la pasión de Jesucristo. Dolores inmensos le permitieron en su juventud caminar con Cristo a su pasión y pedir perdón por los pecados de los hombres.

Otros santos vivieron más tiempo, pero todos ellos caminaron por Cristo; es decir, le amaron con el único corazón que tenían y vivieron para encontrarse nuevamente con Él. La religión, para ellos, fue un encuentro, un amor, un seguimiento, una vida. Me pregunto si para ti y para mí, ser cristiano es justamente eso y no solo una costumbre. Piénsalo.

DOMINGO V DE PASCUA CICLO B

1. La comparación de la vid y los sarmientos.
2. Cumplir los mandamientos para
permanecer unidos a Cristo.
3. Sin mí no podéis hacer nada.

1. Los sarmientos son esas ramas que salen de la vid y que, como en cualquier árbol o arbusto, mientras siguen unidas al tronco están vivas y pueden dar fruto, porque reciben el alimento que les llega desde las raíces a través de la cepa o el tronco.

Cuando un sarmiento no da fruto, el agricultor lo separa del resto de la vid, porque –digamos– es malo para los demás. Algo ha ocurrido: quizá no le llegaba bien el alimento, quizá se expuso demasiado al sol, a la lluvia o al frío, quizá era más sensible que las demás, o sencillamente resultó que esa rama fue atacada por una enfermedad, de modo que en caso de no cortarla habría contaminado al resto de los sarmientos y, al final, a la vid entera.

Una vez que el sarmiento se separa de la vid, se seca por completo, se queda sin agua ninguna... y arde de maravilla. Dicho vulgarmente: es ideal para una barbacoa. Por eso, en todos los pueblos del mundo, son usados como leña para calentar la casa en la chimenea o para cocinar en los fogones. Es un espectáculo ver arder los sarmientos secos: basta una pequeña chispita para hacer una estupenda hoguera.

El Señor se compara a sí mismo con la vid y a nosotros con los sarmientos. En la Escritura se compara la relación de Dios con el hombre de muchas maneras: se dice que son como amigos, como esposos... lo audaz de la comparación con la vid es que la unión con Cristo es vital: separarse de Cristo es secarse. Es morir.

2. ¿Cómo haremos para permanecer unidos a Cristo? ¿Qué significa exactamente? La clave nos la ha dado san Juan en la segunda lectura de hoy: *amemos no de palabra ni de boca, sino con obras y según la verdad* (*1 Jn* 3, 18). Un modo concreto de permanecer en Cristo es amar con obras, o sea, guardar los mandamientos.

Existe la tendencia de muchas personas a seleccionar algunos mandamientos, y eliminar aquellos otros que son más impopulares o simplemente más incómodos. Por ejemplo, hay conciencias que consideran que es preciso ser «comprensivos» con el criticar, porque es hasta divertido; otros piensan que las faltas relativas a la pureza o a la castidad solo son malas cuando hacen daño a una tercera persona; hay quienes juzgan que se puede mentir para salir al paso de una situación delicada... Jamás se confesarán de eso, porque consideran que para ellos no es pecado.

Sin embargo, la pureza o el amor a la verdad han costado la vida a no pocos cristianos. Son ellos quienes, con su vida, nos enseñan lo que significa permanecer unidos totalmente a la vid, sin renunciar a aquello que podían considerar costoso. Quizá te suene la historia de María Goretti. En julio de 1902 mientras la familia de María y el padre de Alessandro trabajaban en la cosecha, la niña se quedó en casa cosiendo ropa y cuidando de su hermanita de dos años, Teresa. Alessandro, cansado ya de los rechazos de María, la sorprendió e intentó abusar de ella, pero María le opuso resistencia y trató de hacerlo razonar, mencionando –entre otras cosas– que aquello era un pecado y que ella no quería que ese chico se condenase.

Alessandro perdió por completo el control, y apuñaló crudelísimamente a María. Cuando el padre de Alessandro volvió a casa y vio a la niña malherida comenzó a gritar, diciendo que estaba muerta. ¡Pero seguía con vida! Minutos después llegó la ambulancia, que la llevó al hospital de Nettuno, donde al cabo de unas horas, después de varias operaciones, falleció.

El asesino fue detenido y pasó treinta años en la cárcel. Una vez cumplida la condena, ingresó como terciario en un convento de Roma, donde murió en 1970. Confesó que debía reparar su pecado, y atribuía su cambio de vida a un sueño que había tenido en la cárcel, años después del asesinato: en él había visto a María con catorce lirios blancos, uno por cada puñalada recibida. Gracias a esto se reconcilió con Dios y con la familia de la pequeña, que lo perdonó expresamente.

Los sarmientos buenos como María Goretti dan frutos buenos: el perdón, la misericordia, la esperanza, la alegría, el optimismo. Frutos del todo opuestos a los del pecado: soledad, tristeza, insatisfacción, duda y falta de paz interior.

Merece la pena permanecer unidos a Cristo. Siempre. Hay que pedírselo cada día, decírselo con devoción, a modo de jaculatoria: Jesús mío, pase lo que pase, ocurra lo que ocurra, jamás –¡jamás!– permitas que me separe de ti.

3. Es Cristo quien nos hace fieles. María Goretti –y como ella todos los mártires y santos de la historia– fue capaz de ser fiel hasta el ofrecimiento de su propia sangre por gracia de Dios. Es Dios quien obra en nosotros, es Él quien nos da la fuerza para continuar luchando día a día, para amar más y mejor, para perseverar, hasta morir fieles.

Por eso, el Señor añade en el evangelio de hoy: *Sin mí no podéis hacer nada* (*Jn* 15, 5). No dice: sin mi os podréis apañar en pequeñas cositas o, en ocasiones, podréis hacer algo sin mí. Cristo es más que claro: sin Él no podemos nada, absolutamente nada.

Esto significa que existo gracias a Dios y que, si por un momento dejara de pensarme, yo dejaría de existir. Dios es providente, está pendiente: ¡no pasa de nosotros! Está aquí; está contigo mientras lees esto; te acompaña, conoce tus pensamientos más ocultos, tu conciencia más escondida... Conoce tus amores y tus derrotas, tus ilusiones, tus luchas y tus victorias, tus dudas y certezas. Conoce, como un enamorado, tu preocupación ante la posibilidad de quedarte solo o de pecar gravemente, de no ser fiel a tu familia, de no dar lo mejor de ti, de no responder en el trabajo o en la carrera... y conoce la decepción que sientes al pensar en tu vida pasada ¡te conoce mejor que tú a ti mismo!

Ni pequeño ni grande. Nada podemos hacer sin Él. Por eso, en nuestra lucha por cumplir los mandamientos, por encima de la lucha concreta que debe existir en cada una de las virtudes (en la pureza, en el orden, en el estudio...), por encima de todo eso, está la humildad. Dios, que obra en nosotros, premia a los humildes, a los que son capaces de confiar en Él y de abandonarse en sus amorosas manos. Debemos poner todas nuestras fuerzas, y debemos ser muy humildes.

Por eso, Jesús, que es consciente de nuestra perplejidad y de nuestra debilidad, añade al final del evangelio: *pediréis lo que deseéis y se realizará* (*Jn* 15, 7). Pues bien, Jesús mío, yo te pido hoy la humildad suficiente para reconocer que todo, absolutamente todo, viene de ti. Ayúdame, Cristo mío.

DOMINGO V DE PASCUA CICLO C

1. Cambiar el mundo.
2. La fuerza del cambio.
3. Una fuerza que te identifica.

1. Transformar el mundo en un mundo nuevo, mejor, más perfecto, es un tema que ha llegado a convertirse en un clásico de casi todos los géneros literarios, cinematográficos e incluso políticos posibles. Desde los anhelos revolucionarios del siglo XIX hasta la literatura de ciencia ficción y de superhéroes. Seguro que te vienen a la cabeza multitud de historias o películas sobre ello. A veces esa transformación es decididamente maléfica y busca la exterminación de lo que hay para que todo sea sometido al villano de turno; otras, es una buena intención la que mueve al promotor del cambio, pero termina traicionando incluso esa buena intención porque prescinde de considerar el bien particular de cada persona para sacrificarlo en aras de la transformación. Pues bien, la Biblia no ha quedado al margen de este tema de cambiar el mundo, quizá porque es algo que surge espontáneamente del alma humana cuando percibe la limitación y fragilidad del presente y descubre en sí un anhelo de trascender y perdurar. Es el libro del Apocalipsis donde encuentras más detalladamente el desarrollo de este tema de la transformación del mundo en un mundo nuevo, de hecho, la segunda lectura de la misa de hoy te presenta una descripción de todo ello: *Y vi un cielo nuevo y una tierra nueva, pues el primer cielo y la primera tierra desaparecieron, y el mar ya no existe. Y vi la ciudad santa, la nueva Jerusalén que descendía del cielo, de parte de Dios, preparada como una esposa que se ha adornado para su esposo* (*Ap* 21, 1-2).

La visión del Apocalipsis nos habla del mundo nuevo resultante de la resurrección de Cristo. Con su pasión, muerte, resurrección y ascensión Jesús ha obrado una nueva creación, ha hecho las cosas nuevas. Por eso la nueva Jerusalén baja del cielo, porque es obra del poder de Dios, no de los esfuerzos humanos. La capacidad de crear un mundo nuevo es solo de Dios. Los hombres no somos capaces de crear un cielo, pero, cuidado, sí lo somos de hacer un auténtico infierno de esta tierra que habitamos.

2. La nueva Jerusalén, el cielo nuevo y la tierra nueva de que habla el Apocalipsis, son, como decíamos antes, fruto del poder de Dios. Y lo primero que ha hecho nuevo Dios es la resurrección de su Hijo. Con su muerte y resurrección Cristo ha vencido a la muerte y al pecado que tiranizaban a toda la creación y cuyos frutos de amargura y desolación había cargado sobre sí en la cruz. Cristo resucitado es primicia de un mundo nuevo que terminará de alumbrarse cuando vuelva el Señor y en todo sea manifestado su poder y su victoria. Y, ¿cuál es la fuerza del cambio que realiza esta transformación tan portentosa? No es otra que el amor. La fuerza que hace nuevas las cosas empezando por la resurrección es el amor de Dios. Un amor que se ha mostrado vencedor en la cruz del Señor.

Bien, mirar al resultado final de esa transformación, a un mundo sin pecado, sin mal, sin muerte ni dolor, en el que reina la paz, la alegría y el amor entre hermanos, ¿no es maravilloso y esperanzador? Pero, ¿qué pasa con nosotros que todavía no estamos en ese final de película? Porque tenemos todavía entre nosotros, injusticias, pecados, muerte, en definitiva. ¿Dónde queda este mundo nuevo para nosotros? ¿Es una esperanza futura que descenderá solo Dios sabe cuándo? Porque si fuera así, poner la mirada en ello anima y consuela, pero nos dejaría en el mismo lodazal de esta tierra sin más esperanza que un futuro cierto pero lejano.

Pero no, el cielo nuevo y la tierra nueva no son solo algo del futuro. Ya está entre nosotros porque está la fuerza transformadora que terminará por instaurarlas de manera definitiva. Esa fuerza es el amor; y precisamente, a vivir ese amor te conmina Cristo en el evangelio: *Os doy un mandamiento nuevo: que os améis unos a otros; como yo os he amado, amaos también unos a otros* (*Jn* 13, 34).

3. El mandamiento del amor es la fuerza capaz de cambiarlo todo, empezando por ti. Y aquí radica la gran diferencia entre esta transformación del mundo y aquellas que traíamos a la imaginación al comienzo de esta meditación: el punto de partida es uno mismo. La ecuación es sencilla: si yo cambio, si yo mejoro, cambia y mejora mi entorno; y si lo hace quien tienes al lado, y al otro lado y así sin parar, al final cambia el mundo. Solo hace falta que te sumes a esa reacción en cadena que puso en marcha Cristo con su resurrección, una reacción de amor que es imparable y que está destinada a cambiarlo todo y a todos.

Y un cambio que va de lo interior a lo exterior, de lo más íntimo y profundo hasta lo más periférico. Todo lo abarca, nada queda fuera. Ese amor que manda Cristo ha de dar forma al modo en que le tratas a Él, en al trato con los demás, a cómo trabajas o estudias, al cuidado que tienes de la casa común que es la creación... Nada escapa de la energía transformadora del amor vivido al estilo de Jesús. Por eso también, se convierte en seña de identidad: *En esto conocerán todos que sois discípulos míos: si so amáis unos a otros* (*Jn* 13, 35). En el cumplimiento de este mandato de Cristo encontrarás tu identidad de discípulo del Señor porque te entregarás a hacer lo que hace Él y a hacerlo como Él. Hoy son muchos los que desconocen quiénes son y para qué están en el mundo, dale gracias a Dios porque tú sabes bien quién eres, un hijo muy querido o una hija muy querida de Dios, y sabes también para qué estás sobre la tierra: para amar como Cristo te ama.

LUNES V SEMANA DE PASCUA

1. Hay preguntas que no pueden responderse en la tierra.
2. Dios te busca desde fuera y también desde tu interior.
3. Un Espíritu que es defensor y consolador.

1. Continúa en el evangelio de hoy el discurso de despedida de Jesús a los suyos antes de la pasión. Si las palabras de Cristo encierran una riqueza inagotable, las intervenciones de sus discípulos son también para nosotros muy instructivas, pues nos ayudan a ponernos en el lugar de quien las escucha por vez primera. ¡Ojalá te sitúes de esta manera al leer el evangelio de Cristo! La pregunta de Judas Tadeo que nos refiere san Juan en el pasaje seleccionado para hoy nos permite asomarnos a los sentimientos que en el interior de los discípulos se iban agolpando conforme escuchaban al Maestro. Nos dice san Juan: *Le dijo Judas, no el Iscariote: «Señor, ¿qué ha sucedido para que te reveles a nosotros y no al mundo?»* (*Jn* 14, 22). Es la pregunta de quien, sobrecogido por la grandeza de lo que anuncia Jesús, no comprende por qué recibe algo que tantos otros anhelaron y ni siquiera pudieron otear en el horizonte. Pídele a Dios que tú también te hagas esta pregunta con frecuencia en tu oración; mantendrá viva la llama de tu fe que se alimenta, en buena medida, de ese asombro por el proceder de Dios con sus criaturas.

No pases por alto el hecho de que Cristo no contesta de manera alguna a Judas, sino que prosigue con su discurso profundizando en lo que les está anunciando. Y es que la pregunta de Judas no puede recibir una respuesta satisfactoria en la tierra. Porque pregunta por la misma disposición divina de seguir el camino de la encarnación para darse a conocer y de ese modo comunicar lo universal a través de la historia particular de un hombre y sus amigos. Puedes dar las vueltas que quieras sobre ellos. Teólogos eminentes han ofrecido argumentos de conveniencia brillantes y numerosos, pero al final lo que está ante ti es el misterio de la elección de Dios. Y ante el misterio solo cabe el asombro y la adoración en un silencio solo roto por el eco de la pregunta de Judas en el interior de tu alma: ¿por qué a mí y no a otros? De rodillas adora y da gracias a Dios.

2. La respuesta de Jesús, aunque en realidad no aborda lo que le pregunta, contiene algo todavía más asombroso: *El que me ama guardará mi palabra, y mi padre lo amará, y vendremos a él y haremos morada en él* (*Jn* 14, 23). Cristo promete hacer morada en quien le ama y guarda su palabra, más aún, promete que esa morada en cada uno de sus discípulos será también morada de su Padre. ¿Cómo será esto posible? Por obra del Espíritu Santo, dice Jesús: *Os he hablado de esto ahora que estoy a vuestro lado, pero el Paráclito, el Espíritu Santo, que enviará el Padre en mi nombre, será quien os lo enseñe todo y os vaya recordando todo lo que os he dicho* (*Jn* 14, 25-26).

Las palabras de Jesús van acompañadas del testimonio interno del Espíritu. En palabras del gran converso inglés John Henry Newman: «Dios Hijo se ha dignado revelarnos al Padre desde fuera, el Espíritu Santo mediante comunicaciones interiores. ¿Quién podrá comparar estos dos actos de condescendencia, estando ambos tan por encima de nuestro entendimiento? No podemos más que adorar en silencio el Amor Infinito que nos rodea por todos lados»[1]. Adorar al mismo Dios que habita en tu interior cuando estás en gracia, adorar con la moción interior del mismo Espíritu de Dios que clama en tu interior y pone en tu mente las palabras adecuadas. Dios se te revela desde fuera y desde dentro de ti para que la concordancia del testimonio interno y externo te lleve por la fe hasta el Padre. Por el envío del Hijo y del Espíritu, el Padre te llama a volverte hacia Él. Dale gracias por ello y secunda la acción de ambos en tu vida. Déjate impresionar e ilusionar por la vida de Cristo y arde en deseos de imitarla, así el Espíritu en tu interior te encontrará bien dispuesto para dejarte modelar por su fuego que te forja a semejanza del Señor. Todo te remite a Él, déjate llevar.

3. Cristo promete su presencia en el alma de sus discípulos por medio del envío del Espíritu, al que llama Paráclito. ¿Qué significa este nombre? Se trata de una palabra griega que ha sido traducida de diversos modos: defensor, consolador y abogado, son los más destacados. Literalmente «parácletos» significa «el que es invocado». El Espíritu que promete Cristo es aquel a quien

---

[1] J.H. NEWMAN, *Sermones parroquiales, 2,* 201.

puede invocarse en el apuro, es por eso llamado defensor o abogado, y también consolador. Cristo te envía un defensor que, en el peligro, desde dentro, te defienda. ¿De qué te defiende este abogado? Pues, sobre todo, de los ataques del enemigo en tu interior. En la tentación no estás a solas con el enemigo, está siempre contigo el Espíritu defensor, como estuvo guiando a Cristo en el desierto cuando fue tentado. No lo olvides, en medio de la batalla contra la asechanza del maligno que busca hacerte caer, no desesperes y busca su ayuda. El Defensor te infundirá fortaleza para resistir, inteligencia para desarmar los ardides del enemigo y sabiduría para juzgar rectamente las cosas.

Y si caes, si te ha vencido la tentación, recuerda que ese mismo Espíritu es consuelo. Dios tampoco te abandona entonces y busca confortarte en tu aflicción. El Espíritu consolador es la caricia de Dios contigo cuando sufres, especialmente por Dios maltratado, y cuando lo haces por tus pecados y fracasos. Acude siempre a Él, lo tienes más cerca de lo que piensas en esos sombríos momentos; no se ha separado de ti. Aunque tú te alejes de Él y lo eches del templo de tu alma por el pecado grave, el Espíritu permanece a las puertas de tu corazón llamándote internamente para que le abras. No le hagas esperar más de la cuenta, un instante, un segundo, ya es una eternidad para los que aman. Lo es para Dios cuando por el pecado le has privado de su morada en ti, ¡ojalá también lo sea para ti cuando sabes de su ausencia!

MARTES V SEMANA DE PASCUA

1. El camino del seguimiento de Cristo no es siempre fácil.
2. Jesús consuela ante las dificultades.
3. En tiempo de tormenta, es preciso
mantener los propósitos.

1. Los discípulos tenían muchísimo miedo la noche del Jueves Santo, en la que se ambienta el evangelio del día de hoy. Tenían, en el sentido más literal, un miedo de muerte, porque saben que a Cristo le queda poco tiempo con ellos.

Sus primos, sus amigos, sus conocidos estaban entonces muy cómodamente en sus casas, en sus fincas, en sus jornadas de cacería o debajo de un toldo rematando el cordero en aquella estupenda y cálida noche de Pascua. ¡Qué diferencia de vida! Los apóstoles angustiados ante lo que se les venía encima, el resto del mundo tranquilamente en sus cosas.

Hay que meterse bien en la cabeza que la entrega a Dios complica la vida. Es claro: ser cristiano es mucho más incómodo que no serlo; ser todo de Dios, mucho más duro que no serlo. Al menos, aparentemente. Dios no se conforma con cositas. Quiere que seamos capaces de entregarle nuestras propias vidas: nuestras familias, nuestros amores, nuestros proyectos. Todo. Quiere padres y madres santos, que lo amen sobre todas las cosas; hijos e hijas apóstoles, que sean fuego y luz para un mundo frío y oscuro. Jóvenes que sean estrellas para un universo muy perdido: estrellas que iluminen por su alegría y pureza, por su arrastre apostólico y su normalidad más absoluta. Jóvenes normales. Hombres maduros. Mujeres atractivas. Personas muy naturales que, por eso mismo, son tremendamente sobrenaturales. Eso –todo eso– tiene un coste.

2. Jesús sabe que sus apóstoles dudan. Tienen tentaciones de pensar que han fracasado con su proyecto de vida: lo han dejado todo para seguir al Maestro y parece que aquello va a acabar de la peor de las maneras. Un trabajo, un futuro, una esposa, unos hijos... hemos dejado todo... para nada.

Su desazón es tremenda. Corazones rotos eran aquellos de los apóstoles, que ven morir a su Cristo, y con Él sus esperanzas. Pocos días antes, aún discutían sobre quién sería el primero en el reino de los cielos. Ahora solo piensan en si serán capaces de seguir con vida unas pocas horas más tarde...

Sufrían, además, por la separación. Amaban a Jesús. Cuesta mucho decir adiós a una persona querida. Si has sufrido alguna vez una separación de alguien cercano –ya por muerte, ya por cualquier otra razón– sabrás bien lo que se siente. De algún modo, cuando ves irse a quien tanto quieres, es como si le vieras morir y tú mismo murieras un poco.

Los discípulos ven marchar a Cristo... y, en cierto sentido, van a morir a sí mismos ante un futuro carente de esperanza, vacío de Dios.

Sin embargo, los que sufren por Cristo, serán consolados por Él. Si un día te toca sufrir por el Señor, ten paciencia, espera, porque te consolará como consoló a sus apóstoles, con idénticas o parecidas palabras: Que *No tiemble vuestro corazón ni se acobarde* (*Jn* 14, 27). Jesús, que tiene un corazón lleno de misericordia, se dedicó, en la víspera de su propia pasión –¡qué generosidad!– a consolar los dolidos corazones de sus discípulos.

No tengáis miedo; volveré a vuestro lado. Es una promesa preciosa, de enamorado. Volveré. Sabe que es muy importante que esté cerca de los apóstoles.

Desde entonces, repite, a cada cristiano que quiere disfrutar de su amistad, estas palabras de amor y compañía, de consuelo: no te preocupes, os prometí que no os dejaría solos. Y ahora mismo, justo ahora, estoy contigo.

3. Nos puede pasar que, después de años de entrega y vida cristiana, nos cueste encontrar a Dios. Son esas ocasiones en las que no le vemos en la oración, ni lo logramos tampoco en los sacramentos. Está escondido... Parece que no está.

¡Qué bonito, entonces, ser consolados por Cristo! Si has padecido alguna vez esa soledad, sabes muy bien que es tiempo de ir al sagrario a abandonarse, a estar ahí sencillamente. Se trata de esperar el consuelo de Cristo, y perseverar hasta que llegue ese momento. Perseverar y esperar, porque Dios sabe más –¡sabe mucho más!– y dará cada cosa en su momento.

Cuando tu vida interior se vea cubierta por la oscuridad –no la que nace del pecado, sino esta otra de la que venimos hablando–, si llega a suceder, recuerda que ha llegado el tiempo de mantener tus determinaciones espirituales –¡ni tocarlas!. En época de tormenta no hacer mudanza, o sea, en períodos de dificultad hacer el esfuerzo de seguir adelante, porque lo fácil sería dejar de hacer la oración, de rezar el rosario, de comulgar, de luchar en esa virtud o de confesarte con frecuencia. Tan fácil como dejarse morir. Y tan letal. Tú, en cambio, sigue igual, aunque no sientas nada. Espera... y encontrarás el consuelo amorosísimo de Cristo.

También es sensato, pensando que pueden existir esos vacíos espirituales, remansar –como los ríos, que detienen su curso para formar un lago, un remanso. Hacer acopio de fuerzas en los tiempos de bonanza, ir haciendo en el alma como un pequeño almacén de buenas experiencias, para recordarlas después. Será como tener una presa, que forme un estanque lleno de los momentos deliciosos de tu relación con Dios: aquel rato de oración donde viste con claridad tu camino; el encuentro con jóvenes de todo el mundo, que te llenó de esperanza; aquella convivencia o retiro; o la conversación que tuviste con una amiga; esa confesión que tanto bien te hizo... Se trata, en el fondo, de obedecer a la Escritura y, de una vez, no olvidar las acciones del Señor, para avivar nuestra vida espiritual cuando, por lo que sea, haya perdido vigor. Para entonces, recuerda las palabras de Dios: ¿Acaso olvida una mujer a su niño de pecho, sin compadecerse del hijo de sus entrañas? Pues, *aunque esas llegasen a olvidar, yo no te olvido* (*Is* 49, 14). Él nunca nos deja.

MIÉRCOLES V SEMANA DE PASCUA

1. La vid, el labrador y los sarmientos.
2. Una enfermedad grave de la vida interior:
   la «filoxera espiritual».
3. Al sarmiento que da fruto se le poda, para que dé más.

1. El evangelio de la misa de hoy presenta para nuestra consideración una imagen muy familiar para Israel: la vid. En el Antiguo Testamento se ha representado en diversas ocasiones a Israel como una viña plantada y cuidada por Dios para dar fruto. Es una imagen, por lo tanto, empleada para expresar la relación del pueblo con Dios y cómo este es constituido por el Señor, que planta la viña, y mantenido en su existencia también por Dios, que cuida y protege lo que ha plantado. Esta es, permítame la expresión, la trastienda del discurso de Jesús. Pero en sus labios la imagen adquiere una nueva significación.

De entrada, la vid no es el pueblo, sino Él mismo: *Yo soy la verdadera vid, y mi Padre es el labrado* (*Jn* 15, 1). Jesús es la vid, la verdadera vid, de la que Israel era un anuncio y una preparación. La vid ya no es el pueblo judío, sino Cristo, y su cuerpo, que es la Iglesia; es la vid que se prefiguraba en el Antiguo Testamento y que ahora se muestra abiertamente. Lo que no cambia es el labrador, que es el Padre, quien desde el principio es el muñidor de la historia del mundo y la dirige hacia la plena manifestación de su designio.

Y nosotros, los discípulos de Jesús, ¿quiénes somos en esta imagen? Atiende a las palabras de Jesús: *Como el sarmiento no puede dar fruto por sí, si no permanece en la vid, así tampoco vosotros, si no permanecéis en mí. Yo soy la vid, vosotros los sarmientos; el que permanece en mí y yo en él, ese da fruto abundante; porque sin mí no podéis hacer nada* (*Jn* 15, 4-5). Tú eres un sarmiento de esa vid, has sido injertado en ella y sin ella no puedes hacer nada. Convéncete de ello: lo que puedes, lo puedes por Jesús. Sin Él quedarías como esos sarmientos secos, sin vida y sin frutos. Repítelo en tu interior muchas veces: «sin Jesús no puedo hacer nada»
.

2. Me explicaba un buen amigo, natural de una región española productora de magníficos vinos, que hay una enfermedad de las vides que es un verdadero terror para los viticultores: la filoxera. Esta enfermedad, causada por una especie de pulgón del mismo nombre, produce en las vides unos tumores en forma de nudos, casi inapreciables a simple vista, pero que van progresivamente impidiendo circular la savia por la planta hasta producir su muerte. Aparentemente la planta no presenta ningún síntoma, e incluso puede llegar a echar algunas uvas, que no llegan sin embargo a buen término, pero está internamente muerta.

Te hablo de la filoxera porque creo que es muy conveniente que te guardes de lo que podemos llamar la «filoxera espiritual». Me explico. Puede ocurrir que aparentemente estés unido a Jesús, la vid verdadera, y que, también en apariencia, recibas de Él esa vida que está llamada a dar frutos en ti y en los que te rodean, pero que en realidad haya «nudos» internos que obstaculizan de hecho que recibas del Señor lo que da vida. El sarmiento debe, para tener vida y dar fruto, estar unido interiormente a la vid, no solo externa o aparentemente. Si hay algo que dificulta o ciega los canales por los que le llega la savia, su vida empieza a debilitarse y languidecer hasta llegar a la muerte. Por eso piensa si tu falta, en ocasiones, de vida interior o de frutos de la misma no tienen su causa, en el fondo, en esta «filoxera espiritual». Considera si tu unión con Cristo no pasa de lo meramente formal o exterior, si se reduce a cumplir una serie de actos, por muy buenos que estos sean. Porque si es así, quizá se estén formando esos nudos que impiden a la gracia que viene de Él llegar hasta ti.

Busca una unión íntima y personal con Jesús para que la vida verdadera que brota de Él pueda inundarte y hacer que des fruto abundante. Has sido injertado, como un sarmiento, en Cristo por el bautismo. Eso lo hicieron, probablemente, sin que dijeras ni hicieras nada, pero conservar en ti la vida que recibes de Cristo y dejar que fructifique, sí requiere de tu participación. Y lo que se te pide, lo que te pide Jesús, es que permanezcas en Él, que lo hagas de corazón.

3. No pases por alto cuál es el destino de los sarmientos, según den o no frutos: *A todo sarmiento que no da fruto en mí lo arranca, y a todo el que da fruto lo poda, para que dé más fruto* (*Jn* 15, 2). El sarmiento que no da fruto, es arrancado y echado fuera donde se seca y solo sirve para el fuego. La advertencia del Señor es clara:

nos ha concedido un tiempo precioso, nos ha ofrecido abundantemente su vida para que corra por nuestras venas; derrochar todo esto es derrochar y dejar que se pierda la propia vida. Pídele a Dios no contarte entre esos sarmientos secos, y busca corresponder con todas tus energías al don de Dios.

Fíjate ahora en el sarmiento que da fruto y lo que hace Dios con él: lo poda para que dé más fruto. La poda implica cortar. Un corte que al principio parece poner fin a la vida que tenía y reduce su tamaño considerablemente. Sin embargo, cuando la poda es hecha en el momento oportuno por manos expertas, sirve para que la planta adquiera vigor internamente y despunte la siguiente primavera con mayor vitalidad que antes. Y, por supuesto, las ramas y los frutos se multiplican. Pues bien, Dios poda en ocasiones –cuando lo necesitan– a sus hijos que dan fruto para que crezcan para adentro y todavía fructifiquen más. La poda llega a veces a tu vida con ocasión de una contradicción, de un fracaso o, simplemente, de una temporada en que experimentas oscuridad en tu alma, como si Dios te hubiera dejado. Confía entonces en el labrador, en sus manos expertas. Esa poda –que te duele pues supondrá la pérdida de cosas que te son queridas– es ocasión para que tu fe y tu vida interior se afiancen con mayor profundidad y cobren vigor renovado. Confía en el que te injertó en la vid y te alimenta con la savia de la gracia; la poda será para bien, y los frutos se multiplicarán.

JUEVES V SEMANA DE PASCUA

1. Jesús insiste en los puntos claves de su enseñanza.
2. Se han abierto para ti las puertas de la intimidad de Dios.
3. ¿Cómo permanecer en el amor de Dios?

1. El evangelio de la misa de hoy continúa en la presentación del largo discurso de despedida que Jesús dedica a sus discípulos. Fueron muy abundantes las palabras de Jesús en aquellas últimas horas que pasó con los suyos en la tierra; sin embargo, como ha puesto de manifiesto el papa Francisco, dicho discurso gira en torno a tres palabras clave: paz, amor y alegría[1]. Todo ello nos lo presenta Jesús como un don de Dios, diferente a lo que puede ofrecer el mundo. Si sobre la paz se centraba el evangelio de hace un par de días, y en esa línea hicimos nuestro rato de oración, hoy Jesús vuelve a hablarnos del amor y de la alegría.

Sobre el amor a Dios y al prójimo la enseñanza de Jesús es constante en el evangelio, con hechos y palabras. Cuando le preguntan, por ejemplo, por el mandamiento

---

[1] Papa Francisco, *Meditación en la Domus Sanctae Marthae* (22-5-2014). Y lo que sigue.

mayor, acude a este binomio para responder. Más aún, Él ha delineado para nosotros cómo es el amor de Dios hacia los hombres en las parábolas que ha ido predicando a la gente. Un amor que no se cansa, que perdona, que es generoso, capaz de cambiar el corazón de las personas: Él mismo ha encarnado ese amor para así poner rostro concreto al amor de Dios hacia nosotros. Pero, todavía hay más. Ha instituido un mandamiento nuevo que ha de distinguir a sus discípulos: amar como Él nos amó.

Todo esto es lo que los discípulos tenían en su mente y en su corazón cuando Jesús les habla del amor. No es un tema abstracto o lejano, al contrario, les resulta muy familiar y, en cierto modo, se refiere al mismo Jesús y su actividad cotidiana en favor de los más pequeños y necesitados. Que las palabras de Cristo sobre el amor no sean para ti tampoco declaraciones preciosas pero lejanas y genéricas, pídele a Dios encontrar en ellas a Aquel que con su vida y sus obras te las ha mostrado en Él antes de decírtelas al oído.

2. Pero, en el evangelio de hoy, Jesús no se limita a repetir lo que ha enseñado acerca del amor –sería esto suficiente para justificar que volviéramos sobre ello en la oración–, sino que dice algo nuevo: *Permaneced en mi amor* (*Jn* 15, 9). Como ha dicho el Papa: «Jesús dice una cosa nueva sobre el amor: no solo amad, sino permaneced en mi amor. En efecto, la vocación cristiana es permanecer en el amor de Dios, o sea, respirar y vivir de ese oxígeno, vivir de ese aire». El amor que nos manda Jesús no tiene su origen en nosotros, sino que nos precede. Hay un amor que está antes que el que tú y yo podamos tener y que está en el origen del nuestro: *Como el Padre* *me ha amado, así os he amado yo* (*Jn* 15, 9). Es en ese amor del Padre a Jesús y de Jesús por nosotros en el que debemos permanecer.

Piénsalo detenidamente, de nuevo con la ayuda de unas palabras del papa Francisco: «es un amor que viene del Padre, de manera que la relación de amor entre Él y el Padre llega a ser una relación de amor entre Él y nosotros». El amor entre el Padre y el Hijo llega hasta ti por medio de Jesucristo. ¡Se han abierto para ti las puertas de la intimidad de Dios! Comparte contigo lo que es solamente propio del Hijo, por eso te ha hecho su hijo o su hija. Y lo que Jesús te pide es que permanezcas en esa intimidad, en ese amor del Padre y del Hijo. Un amor que tiene nombre de persona: el Espíritu Santo. No te canses de volver sobre esto, es un misterio fascinante e inagotable que alimentará siempre tu fe y tu asombro por las maravillas de Dios.

3. Permanecer en el amor de Dios requiere algo de nuestra parte: *Si guardáis mis mandamientos, permaneceréis en mi amor; lo mismo que yo he guardado los mandamientos de mi Padre y permanezco en su amor* (*Jn* 15, 10). Cumplir los mandamientos que nos da Cristo, igual que Él ha cumplido la voluntad del Padre, esa es la condición para permanecer en ese amor. Es seguir el ejemplo de Jesús, también cuando cuesta especialmente cumplir esos mandatos. Piensa en el Señor y en cómo hubo de abrazar la cruz, beber el amargo cáliz de la pasión, y pídele que te ayude a ti en tu pequeña cruz de cada día y en los tragos amargos de la vida.

Pero guardar los mandamientos de Jesús no es, ni mucho menos, una condición desagradable que haya que satisfacer para permanecer en su amor. Hay un vínculo profundo entre guardar los mandamientos y permanecer en el amor, entre ambas cosas hay una relación circular que las fortalece. Cuando tu amor por Jesús es auténtico se manifiesta en el cumplimiento de su voluntad. Guardar los mandamientos por amor, descubrir la belleza que hay en ello, te preserva de un cumplimiento vacío y externo que no es el que Jesús vivió hacia la voluntad del Padre, ni es el que te pide para poder permanecer en su amor. Ruega a Dios que te conceda el don de descubrir esto, para que cumplas sus mandatos por y con amor.

Pero si el amor lleva a un cumplimiento de corazón de la voluntad de Dios, a veces, cuando andamos más fríos en nuestra alma, será el cumplimiento el que nos lleve al amor y haga que este se reavive. Y así, esos mandatos que en ese momento te cuestan se convierten en la línea directa que mantiene tu vínculo con el Señor y que hace posible que permanezcas en su amor. El cumplimiento de los mandatos del Señor se convierte en un ancla para tu corazón. Un ancla que impide que se vaya tras otros amores y que lo hace permanecer en el verdadero amor de Jesús. Usa de esta ancla en tu vida cristiana y ejercítate en el cumplimiento de lo que Dios te pide; al hacerlo, manifestarás tu amor a Dios y pondrás los medios para permanecer en él.

VIERNES V SEMANA DE PASCUA

1. Todo lo que hace la Iglesia lo hace
para la salvación de los hombres.
2. En lo necesario unidad, en lo opinable libertad.
3. En todo, caridad.

1. La lectura del libro de los Hechos de los Apóstoles que se lee en la misa de hoy nos presenta el final del primer Concilio Ecuménico de la Historia, el Concilio de Jerusalén. Aquella reunión de los apóstoles y los primeros obispos y presbíteros de la Iglesia fue motivada por un problema muy concreto al que se enfrentaba la Iglesia: ¿qué hacer con los conversos a la fe en Jesús procedentes de la gentilidad, es decir, con los no judíos que abrazan el camino de Cristo? Ya se habían producido las primeras conversiones y el mismo Pedro había dado testimonio de que el Espíritu Santo también era derramado por Dios sobre los gentiles a propósito del episodio de Cornelio y su familia (cfr. *Hch* 10, 1-11.18). La cuestión es: ¿hay que exigir de ellos que cumplan la ley de Moisés o no?

La respuesta de aquella primera asamblea es un testimonio precioso para nosotros de la conciencia que tiene la Iglesia desde el principio de ser depositaria de la salvación de Dios para ofrecerla a todos los hombres. Y, junto con esta conciencia, la convicción de que esa labor de custodiar y administrar la salvación implica una autoridad, dada por el mismo Cristo, para tomar decisiones de la naturaleza que ha de abordar el Concilio de Jerusalén. Ambas cosas ponen delante de ti la razón de ser de la Iglesia: señalar el camino de la salvación de Cristo a los hombres. En este sentido, son reveladoras las palabras del último de los concilios celebrados hasta la fecha, el Vaticano II: «La Iglesia es en Cristo como un sacramento o signo e instrumento de la íntima unión con Dios y de la unidad de todo el género humano» (LG 1). Todo lo que hace la comunidad de los discípulos, todos sus esfuerzos, sus desvelos y preocupaciones, todo se encamina en esta dirección: señalar y llevar la salvación a los hombres, salvación que consiste en la unión con Dios en Jesucristo. No te dejes confundir por los profetas de la sospecha que solo tienen miras humanas y solo ven las cosas de la tierra. La Iglesia tiene su origen en el cielo, porque es un querer de Dios, y es para el cielo, porque es creada para llevar a los hombres a él. Pídele a Dios que su Iglesia sea siempre fiel a su ser y a su misión.

2. Pero en la respuesta del Concilio puedes encontrar algo asombroso que no debes pasar por alto. Dice el mensaje que, de parte del Concilio, ha de llevar el grupo de emisarios elegidos para ellos a los hermanos procedentes de la gentilidad: *Hemos decidido, el Espíritu Santo y nosotros...* (*Hch* 15, 28). ¡Qué audacia –por no decir atrevimiento– decir: «El Espíritu Santo y nosotros»! Aquellos hombres se ponen al lado de Dios al enviar su decisión y, por tanto, ponen sus palabras bajo la autoridad divina. Ciertamente, o se da crédito a que está con ellos esa autoridad divina –algo inaudito que no podrás encontrar en ningún otro lugar– o hay que concluir que son unos locos de remate. No dejan margen para medias tintas. Hay que tomar postura.

No pienses que la decisión del Concilio de Jerusalén fue la que todos querían y esperaban. Hubo muchos que no la entendieron y algunos que no la aceptaron. También puede sucederte a ti con ciertas enseñanzas de la Iglesia, quizá no las terminas de entender, te cuestan, o te gustaría que fueran de otra manera. A veces lo que no entenderás serán cosas de fe, otras, enseñanzas acerca de cosas temporales que pueden cambiar. En ocasiones serán las opiniones y prácticas de personas y grupos de la Iglesia las que no compartirás. ¿Qué hacer entonces? ¿Tiene todo la misma importancia?

Unas palabras de san Agustín pueden ayudarte a aclarar un poco las cosas. Dice el gran santo de Hipona: «Unidad en lo necesario, libertad en lo opinable, caridad en todo». En lo necesario, es decir, en lo que se refiere a la verdad revelada y a la fe, solo cabe unidad. Pide a Dios dar tu asentimiento filial a lo que Jesús ha dado a conocer y la Iglesia te presenta como contenido de tu fe. Y pídele hacerlo de corazón, con entusiasmo, como recibieron muchos en Antioquía el mensaje del Concilio de Jerusalén.

3. Si en lo necesario, en la fe y las verdades del orden de la creación o conectadas inseparablemente al contenido de la fe, solo cabe unidad, en lo opinable –o, mejor, lo dudoso– lo que te recomienda Agustín es libertad. Sé muy libre para opinar en política, economía, arte, deportes lo que te parezca. No hay una doctrina católica de la economía, la sociedad o la política. Es verdad que hay unos principios de justicia e igualdad que han de orientar toda actividad humana, pero salvo esas líneas que determinan el «terreno de juego», el resto recae en tu libre responsabilidad. Vive esa libertad con alegría y entusiasmo por las cosas creadas. Pero también respeta la libertad de los demás. Con esas opiniones que no entiendes, con esas prácticas que no compartes, ten respeto, como quieres que lo tengan con tus opiniones y prácticas. Y si esto se podría aplicar con todo el mundo, todavía más si se refiere a tus hermanos por el bautismo.

Y en todo, no lo olvides, caridad. Porque ese es el mandato de Jesús, como te recuerda el evangelio de hoy: *Este es mi mandamiento: que os améis unos a otros como yo os he amado* (*Jn* 15, 12). Cuida tu trato con aquellos que piensan de manera diferente a ti, no solo en lo opinable, también en las cosas importantes. Que no encuentres obstáculo para tener amistad con las personas que tienes cerca en sus ideas o costumbres, con tal que no haya en ellas nada que ofenda directamente a Dios o la dignidad de los hombres. Tienes aquí una prueba para que tu caridad se vea perfeccionada, no la dejes pasar.

SÁBADO V SEMANA DE PASCUA

1. Jesús nos advierte de la persecución
para que suframos menos.
2. La persecución silenciosa de este siglo.
3. La persecución durará hasta el final de nuestras vidas:
grandeza de alma.

1. Quizá sea signo de mentalidad conservadora, o tan solo un modo de ganar siempre y encontrar, al menos, un consuelo. Me refiero a la costumbre que tienen algunos de apostar siempre por la derrota de su equipo favorito. Componen el siguiente constructo en su imaginación: si mi equipo gana, estaré contento; si pierde, al menos ganaré la apuesta.

Existe una cierta tendencia humana a ponerse siempre en lo peor. Se ve en este ejemplo, y es igualmente real cuando se trata de hacer una maleta. Comienzas por lo fundamental, lo que vas a usar y, poco a poco, el equipaje se va llenando de cosas superfluas, por esa maldita manía de ponerme en lo peor. Lo que era accesorio se convierte en esencial, por si acaso llueve, por si acaso me veo en una situación donde deba ir más elegante... y así, a poquitos, el volumen del equipaje sobrepasa el límite de peso de la compañía más benévola y acaba por exigir la presencia de algún hermano fuerte y bien dispuesto que haga el favor de cerrarla con esfuerzo... y todo por un conjunto de prevenciones que la mayor parte de las veces nunca se harán realidad.

Es natural que uno quiera estar preparado para todo, y especialmente para lo peor. Disponerse para las cosas malas es una reacción humana natural, porque prever lo difícil y lo doloroso hace que, cuando llega, cueste mucho menos. Sin embargo, hay un solo dolor que el corazón humano no puede soportar: la desesperanza. Dicho de otra manera, la falta de esperanza puede acabar con el hombre más cabal o con la mujer más perfecta, porque ella solita es capaz de matar al amor. ¿Cómo podremos, entonces, prevenirla?

Un buen método consiste en tener noticia de aquello que me hace –o me va a hacer– daño, y saber cuánto va a durar. Piensa que las situaciones más dolorosas son las que llegan de improviso o bien aquellas que se prolongan indefinidamente en el tiempo: ambas acaban minando la esperanza, y entonces sí que se sufre de verdad.

Jesucristo quiere que, si un día nos persiguen por su nombre, no nos pille desprevenidos, para que nuestra esperanza permanezca incólume. Si un día te ningunean por ser un hijo de Dios, o un cristiano auténtico, o miembro de una familia numerosa, o por no querer cometer determinados pecados contra la fidelidad a tu esposa o a tu esposo (¡a tu Dios!)... entonces, cuando seas perseguido, recuerda las palabras de Cristo en el evangelio de hoy: *Si el mundo os odia, sabed que me ha odiado a mí antes que a vosotros. (...) Recordad lo que os dije* (*Jn* 15, 18.20).

2. Era en un pueblecito de la italiana región del Lazio. Don Carlos había sido invitado a comer por una familia de campo: solo asistirían los padres porque los dos hijos, ya mayores, excusaron su presencia por diversas razones. Hablaron de todo un poco. Ya en el café, la señora comentó con sorpresa cómo su vecina esperaba el octavo hijo, y exclamó jocosamente: «¡Esa mujer parece una incubadora!».

El comentario hirió los oídos del sacerdote más que una daga afilada, y, sin mediar un segundo, replicó: «Señora, yo soy el pequeño de dieciséis... y mi madre no es una incubadora; es una verdadera mujer, de pies a cabeza: mujer y madre».

La situación se había puesto tensa, con el consiguiente sonrojo de la buena campesina, que se descompuso en mil disculpas después de tan desafortunado comentario.

La persecución que sufrimos hoy –al menos en los países occidentales– no consiste en la búsqueda y captura con el fin de dar muerte a los cristianos. El evangelio que anuncia la persecución se cumple hoy en esa caza silenciosa de la crítica, de la mofa, de la burla, del sarcasmo.

Este acoso se concreta en la exclusión de cristianos de determinados puestos de trabajo (jueces, médicos, farmacéuticos, abogados); en el rechazo a la maternidad, en la mofa de la virginidad antes del matrimonio, o de las relaciones sexuales limpias y abiertas a la vida, en la incomprensión a la vocación al celibato o a la vida consagrada... Es precisamente en estos campos donde en el siglo XXI se persigue a los cristianos.

Ante este panorama, ¿qué puedes hacer tú? Ofrece al Señor tanta incomprensión, que probablemente experimentes aun con personas muy queridas –¡incluso en tu familia, entre tus compañeros!–. Habla con Él de las situaciones que te han hecho sonrojar, o de aquellas otras donde no fuiste capaz de responder auténticamente: te dio miedo. Dile que quieres ser suyo, que quieres dar testimonio, que quieres ser valiente, que quieres ponerte siempre de su parte porque, además, conoces la promesa del Maestro: *quien se pone de mi parte delante de los hombres también yo me pondré de su parte delante de mi Padre del cielo* (*Mt* 10, 33).

3. Jesús nos advierte del peligro futuro –la persecución– pero no nos dice si se prolongará o no durante mucho tiempo, si será larga o corta. No nos dice: estad preparados, porque la persecución será dura, poco a poco os quitarán cosas: primero la fama, luego los bienes (y antes de nada el teléfono móvil, touch screen que te acabas de comprar), más tarde os separarán de vuestra familia y finalmente os quitarán la vida. Esta persecución durará treinta y dos meses y tres días, pero luego seréis liberados de tal o cual manera...

El Señor no nos ha dicho nada de eso. Sin embargo, nos ha dado alguna pista para que sepamos a qué atenernos: *No es el siervo más que su amo. Si a mí me han perseguido, también a vosotros os perseguirán* (*Jn* 15, 20); y a Jesucristo le persiguieron hasta el final de su vida, causándole la muerte. Por eso, podemos pensar que nuestra persecución –en esas cosas pequeñas o en otras mayores– durará hasta el final de nuestras vidas. Y así, aunque las dificultades no pasen, no debemos perder la esperanza: «No es el siervo más que su amo».

Grandeza de alma para saber soportar con alegría y amor las dificultades. Son estos tiempos de crisis, y en ellos demostremos al resto de los hombres –como decía san Ignacio de Antioquía– que el cristianismo no es obra de persuasión, sino de grandeza de alma. La magnanimidad (magna-anima) de quien no espera tener algún día una casa grande –con piscina y jardín– y un Jeep para ir a esquiar, sino que tiene la inmensa y firme esperanza de alcanzar el Amor Supremo, un Amor que no envejece ni se acostumbra a amar, una felicidad que no pasa, una alegría mayor que la de descender fluidamente por una pista alpina que nunca termina... Demostrémoslo brillando con nuestra paciencia y buen humor. Convenzamos a los demás con la palabra de nuestra caridad. ¿O de veras crees que ha existido alguien en la historia más feliz y más alegre que María?

DOMINGO VI DE PASCUA CICLO A

1. Una ciudad que se llena de alegría.

2. Los santos llevan con su vida la alegría a los demás.

3. Dios te ha dado a los mejores defensores.

1. La primera lectura de la misa de hoy nos cuenta la misión del diácono Felipe en la ciudad de Samaría. Pon atención en la frase que concluye la primera parte del texto y que expresa la conclusión de aquella labor de Felipe: *La ciudad se llenó de alegría* (*Hch* 8, 8). Dice Benedicto XVI: «Esta expresión no comunica una idea, un concepto teológico, sino que refiere un acontecimiento concreto, algo que cambió la vida de las personas: en una determinada ciudad de Samaría, en el período que siguió a la primera persecución violenta contra la Iglesia en Jerusalén (cfr. *Hch* 8, 1), sucedió algo que *llenó de alegría*. ¿Qué fue lo que sucedió?»[1]. Pues lo que sucedió fue la predicación de Cristo que hizo Felipe con ardor y valentía, y que, dice el libro de los Hechos, *el gentío unánimemente escuchaba con atención* (*Hch* 8, 6).

---

[1] Benedicto XVI, *Homilía* (27-4-2008). Y lo que sigue.

Lo que cambia la vida y trae alegría a ella no es una idea ni un concepto; la predicación de Felipe es mucho más que eso, y por eso cambia la ciudad. La misión de Felipe, como la misión de todo apóstol del Señor, cuando es auténtica, no solo incluye palabras, sino también hechos, porque lo que lleva a los que se dirige es un acontecimiento vivo. No lo olvides, tu vida cristiana no es seguir una idea o una doctrina, es vivir de un acontecimiento que, de manera permanente, te da vida nueva: la muerte y resurrección de Jesús.

Este acontecimiento que es la salvación de Dios ofrecida en la persona de Jesucristo se abre paso en toda circunstancia, tal como muestra el episodio de Felipe en Samaría. Había llegado hasta allí huyendo de la persecución que se había desatado en Jerusalén. Aquella persecución, que causó tanto sufrimiento a la comunidad de Jerusalén y que dispersó a muchos de sus hijos por toda Palestina, se convierte en ocasión para que la palabra de Cristo se proclame en muchos lugares. Cuando pienses que todo va fatal en el mundo que te rodea y que se desprecia el mensaje de Cristo y se hostiga a sus seguidores, recuerda que si tienes fe y confianza en Dios, como Felipe, también de todo eso sabrá sacar la providencia de Dios muchas cosas buenas.

2. La ciudad se llenó de alegría porque hubo quien la regara con la predicación del Evangelio de Cristo. Tal es el efecto de la vida de los santos, su vida y entrega es capaz de llevar alegría y esperanza a aquellos lugares donde habitan. Puedes pensar, por ejemplo, en santa Teresa de Calcuta y cómo su ternura con los moribundos despreciados por todos llenó de esperanza las calles de Calcuta. O bien fíjate en el Santo cura de Ars que con su piedad y entrega convirtió aquel pequeño pueblo de Francia en un faro que iluminó a tantísimas conciencias en su búsqueda de Dios, y que tras el paso por su confesionario, recuperaban una alegría que ya no pensaban que fuera posible tener en su alma. Y así tienes innumerables ejemplos, muchos –la mayoría– anónimos, como los de los misioneros que repartidos por todo el mundo dedican su vida a llevar la alegría del evangelio a quien más la necesita. Mientras los poderosos del mundo buscan territorios que conquistar y gentes a las que dominar, antes con la fuerza de las armas, ahora quizá más bien con la fuerza del dinero, los mensajeros de Jesús buscan a las personas con el objetivo de llevarlas a Cristo, y así conducirlas a Dios.

Pero no te quedes solamente en contemplar la maravillosa acción de los santos que, movidos por la gracia, son capaces de cambiar el destino de ciudades y de pueblos enteros. No es para ti únicamente un bonito testimonio para admirar, como si de una obra de arte colgada de la pared de un museo se tratase. El ejemplo de los santos, el de Felipe en la lectura de hoy, es para ti una llamada a hacer lo mismo que ellos. Porque esta es también tu misión –para la que te ha elegido el Señor–: llevar la buena noticia a todos, especialmente a los que, como pasaba con los samaritanos, están apartados y excluidos. ¿Hay algo más grande y hermoso que participar en la comunicación de esta vida nueva que llena de alegría el corazón de las personas?

3. Si los santos llevan alegría y paz a los que les rodean, si tú también puedes llevar eso mismo a los que tienes cerca, no es en virtud de algo propio de ellos o tuyo, sino porque habita en sus almas, y en la tuya cuando estás en gracia, el Espíritu de Cristo. El Espíritu Santo es el gran don de Cristo a sus discípulos, como anuncia en el evangelio de hoy: *Yo le pediré al Padre que os dé otro Paráclito, que esté siempre con vosotros, el Espíritu de la verdad* (*Jn* 14, 16-17). Pero, si Jesús pide otro Paráclito al Padre es porque ya hay uno entre ellos. «En efecto –dice de nuevo Benedicto XVI– el primer Paráclito es el Hijo encarnado, que vino para defender al hombre del acusador por antonomasia, que es satanás. En el momento en que Cristo, cumplida su misión, vuelve al Padre, el Padre envía al Espíritu como Defensor y Consolador, para que permanezca siempre con los creyentes, habitando dentro de ellos».

Recuerda siempre esto: tienes defensores poderosos que te protegen del enemigo y del mundo. Cristo ha vencido al primero en la cruz; ya no puede someterte si no quieres. Del mundo, a pesar de lo formidable que aparezca a veces su poder, te defiende el Espíritu de la verdad. Son ellos quienes pueden mantener viva tu alegría, también en los momentos de dificultad. Y también son ellos los que harán que esa alegría prenda en el alma de cuantos se crucen contigo; basta que les dejes actuar en ti y por ti.

DOMINGO VI DE PASCUA CICLO B

1. Pequeñas nociones trinitarias.
2. No está fuera, brota en ti.
3. La propiedad de una moneda.

1. Nosotros lo hemos leído y escuchado repetidamente. Pero hubo una vez en la que estas palabras fueron pronunciadas por primera vez, y en casi todas las ocasiones, sin ningún tipo de «homilía» o explicación; me refiero a las palabras de Jesús que se recogen en los Evangelios. ¿Qué entenderían los oyentes? ¿Qué cara se les quedaría al escuchar ciertas cosas? Lo que para nosotros es común, para ellos suponía una radical novedad. Que nosotros no nos acostumbremos y escuchemos al Maestro con aquel mismo espíritu de novedad y asombro.

Como el Padre me ha amado, así os he amado yo: permaneced en mi amor (*Jn* 15, 9). Lo primero que debemos preguntarnos es: ¿y cómo ama el Padre al Hijo? Sin ascender a las densas explicaciones de la teología trinitaria, digamos que el amor del Padre por el Hijo es eterno, gratuito, profundo, sin fisuras, total; la esencia de Dios uno y trino es el amor, por tanto, Dios ama y no sabe hacer otra cosa.

¡Qué impresión produce escucharlo de labios de Jesús!: ¡lo que nos quiere, y que ese amor lo encuentra en el que Él recibe del Padre! No podemos pedir más. Porque Jesús no solo dice que te quiere, sino que te lo demuestra: *Tanto amó Dios al mundo, que envió a su Hijo unigénito* (*Jn* 3, 16). En este sentido podíamos decir que la vida cristiana consiste en vivir del amor de Dios y vivir para el amor de Dios.

Por eso nos pide: «permaneced en mi amor», un amor que hunde sus raíces en el amor entre las Tres Personas de la Trinidad Santísima. El apóstol san Juan, en la segunda lectura de la Misa de hoy, nos explicita: *En esto consiste el amor: no en que nosotros hayamos amado a Dios, sino en que él nos amó y nos envió a su Hijo, como víctima de propiciación por nuestros pecados* (*1 Jn* 4, 10). Aquí está el secreto: Jesús nos pide permanecer en su amor porque Él nos lo ha dado antes: disfrutar de ese amor a Dios, entenderlo todo desde Él.

Es un don de Dios descubrir que la fe es ante todo amor, encuentro con una Persona que me ama y a la que puedo amar. Esa relación conllevará un estilo de vida, unas normas, unas formas.

2. Y a continuación enuncia Jesús otro principio básico de la vida cristiana: *Os he hablado de esto para que mi alegría esté en vosotros, y vuestra alegría llegue a plenitud* (*Jn* 15, 11). La cercanía con Dios producirá siempre alegría, pero hay que entender bien este término. La alegría no es fruto de circunstancias externas (que todo vaya bien, que no haya sufrimiento o enfermedad, que todo salga como yo quiero, etc.), sino que brota desde dentro, de ese torrente de amor de Dios por cada uno de nosotros.

«En realidad, todas las alegrías auténticas, ya sean las pequeñas del día a día o las grandes de la vida, tienen su origen en Dios, aunque no lo parezca a primera vista, porque Dios es comunión de amor eterno, es alegría infinita que no se encierra en sí misma, sino que se difunde en aquellos que Él ama y que le aman. Dios nos ha creado a su imagen por amor y para derramar sobre nosotros su amor, para colmarnos de su presencia y su gracia. Dios quiere hacernos partícipes de su alegría, divina y eterna, haciendo que descubramos que el valor y el sentido profundo de nuestra vida está en el ser aceptados, acogidos y amados por Él, y no con una acogida frágil, como puede ser la humana, sino con una acogida incondicional, como lo es la divina: yo soy amado, tengo un puesto en el mundo y en la historia, soy amado personalmente por Dios. Y, si Dios me acepta, me ama y estoy seguro de ello, entonces sabré con claridad y certeza que es bueno que yo sea, que exista.

Este amor infinito de Dios para con cada uno de nosotros se manifiesta de modo pleno en Jesucristo (...). Jesús quiere introducir a sus discípulos y a cada uno de nosotros en la alegría plena, la que Él comparte con el Padre, para que el amor con que el Padre le ama esté en nosotros (cfr. *Jn* 17, 26). La alegría cristiana es abrirse a este amor de Dios y pertenecer a Él.

Queridos amigos, la alegría está íntimamente unida al amor; ambos son frutos inseparables del Espíritu Santo (cfr. *Ga* 5, 23). El amor produce alegría, y la alegría es una forma del amor. La beata Madre Teresa de Calcuta, recordando las palabras de Jesús: "hay más dicha en dar que en recibir", decía: "La alegría es una red de amor para capturar las almas. Dios ama al que da con alegría. Y quien da con alegría da más". El siervo de Dios Pablo VI escribió: "En el mismo Dios, todo es alegría porque todo es un don" (...). Para entrar en la alegría del amor, estamos llamados también a ser generosos, a no conformarnos con dar el mínimo, sino a comprometernos a fondo, con una atención especial por los más necesitados. El mundo necesita hombres y mujeres competentes y generosos, que se pongan al servicio del bien común. Esforzaos por estudiar con seriedad; cultivad vuestros talentos y ponedlos desde ahora al servicio del prójimo. Buscad el modo de contribuir, allí donde estéis, a que la sociedad sea más justa y humana. Que toda vuestra vida esté impulsada por el espíritu de servicio, y no por la búsqueda del poder, del éxito material y del dinero»[1].

3. Ese amor que recibimos de Dios necesariamente se debe transformar en entrega a los demás: *Nadie tiene amor más grande que el que da la vida por sus amigos* (*Jn* 15, 13). La caridad –el amor verdadero– no consiste en dar cosas, sino en darse uno mismo.

Qué bien lo comprendió aquel niño. Había ido con sus padres a Misa. Cuando llegó la hora de la colecta, durante el ofertorio, el padre quiso que su hijo entregara una moneda de dos euros en la canasta. Este rehusó porque tenía su moneda de diez céntimos. El padre le hizo ver que lo que él le ofrecía era una cantidad mayor para ayudar, pero el pequeño le respondió: «ya lo sé, pero es que esta moneda es mía».

No demos lo que nos sobre, y no hablo solo de material; entreguemos de verdad. El amor, si no «duele», no es verdadero amor, es una apariencia, una superficie, pero no auténtico amor que se entrega y ofrece por la persona amada. Termina este rato de oración contemplando cómo te ama Dios y pregúntate entonces por qué te entristeces a veces o pierdes la esperanza.

---

[1] BENEDICTO XVI, *Mensaje para la XVII Jornada Mundial de la Juventud* (2012).

DOMINGO VI DE PASCUA CICLO C

1. Jesús no hace las maletas.
2. El tiempo del Espíritu.
3. Una paz que no puede dar el mundo.

1. Es tarea normal cuando uno se va de viaje hacer las maletas y, cuanto más larga sea la ausencia, más tiempo y atención requiere el preparativo de cuánto se va a necesitar. Y en eso consiste preparar el equipaje: hacer acopio de todo lo propio, en particular de las cosas de uso cotidiano, y llevárselo consigo. Pues, si lo piensas, a estas alturas de la Pascua, entrando en su sexta semana, lo que le toca a Jesús es ir preparando su marcha al cielo. Pero Jesús no hace las maletas, no hace acopio de cosas para llevar, sino que los preparativos para su ida junto al Padre consisten en hacer lo contrario: preparar lo que va a dejar cuando se vaya. En efecto, si atiendes al evangelio de la misa de hoy, te darás cuenta de que el Señor comienza a instruir a los suyos acerca del don que va a hacerles cuando se marche y les deje. Un don que no es otro sino su Espíritu, el Espíritu Santo. Un Espíritu Santo que, en palabras de Benedicto XVI, «acompaña a la Iglesia en el largo camino que se extiende entre la primera y la segunda venida de Cristo: "Me voy y volveré a vosotros" (*Jn* 14, 28), dijo Jesús a los Apóstoles. Entre la "ida" y la "vuelta" de Cristo está el tiempo de la Iglesia, que es su Cuerpo; están los dos mil años transcurridos hasta ahora; están también estos poco más de cinco siglos en los que la Iglesia se ha hecho peregrina en las Américas, difundiendo en los fieles la vida de Cristo a través de los sacramentos y sembrando en estas tierras la buena semilla del Evangelio, que ha producido el treinta, el sesenta e incluso el ciento por uno. Tiempo de la Iglesia, tiempo del Espíritu Santo: Él es el Maestro que forma a los discípulos: los hace enamorarse de Jesús; los educa para que escuchen su palabra, para que contemplen su rostro; los configura con su humanidad bienaventurada, pobre de espíritu, afligida, mansa, sedienta de justicia, misericordiosa, pura de corazón, pacífica, perseguida a causa de la justicia»[1].

2. Vivimos en el tiempo del Espíritu, que es el de la Iglesia. Y es este don inefable de Cristo el que establece una unión y una continuidad entre Él y nosotros, entre su misión y la nuestra. Porque, y volvemos a considerar palabras del papa Benedicto: «El Nuevo Testamento nos presenta a Cristo como misionero del Padre. Especialmente en el evangelio de san Juan, Jesús habla muchas veces de sí mismo en relación con el Padre que lo envió al mundo. Del mismo modo, también en el texto de hoy. Jesús dice: "La palabra que escucháis no es mía, sino del Padre que me ha enviado" (*Jn* 14, 24). En este momento, queridos amigos, somos invitados a fijar nuestra mirada

---

[1] BENEDICTO XVI, *Homilía* (13-5-2007). Y lo que sigue.

en Él, porque la misión de la Iglesia subsiste solamente en cuanto prolongación de la de Cristo: "Como el Padre me envió, también yo os envío"»

Y como la misión es tan grande y nosotros tan pequeños es del todo necesario que nos abandonemos en manos de Dios y le pidamos ser dóciles a su Espíritu. Dóciles para dejarnos guiar por Él, para permitir que nos recuerde y refresque en nuestra memoria y en nuestro corazón todo lo que Cristo nos ha dicho, y dóciles para dejar que con sus dones venga en auxilio de nuestras debilidades y flaquezas. Trata en tu vida *interior* al Espíritu Santo y pídele con confianza cuanto necesitas. Él ha sido enviado por Cristo para hacer en ti maravillas. ¡Ojalá se lo permitas!

3. ¡Misioneros de Cristo! ¡Continuadores de su misión en medio del mundo! Si lo piensas un momento es como para que te tiemblen las piernas. Por la magnitud de la misión y por la fidelidad de quien la ha comenzado. Lo mires por donde lo mires es como para meterse debajo de la cama y no salir. Y sin embargo no es la angustia lo que nos trae este encargo de Jesús, sino justamente lo contrario: la paz. Así lo promete Jesús: *La paz os dejo, mi paz os doy; no os la doy yo como la da el mundo. Que no se turbe vuestro corazón ni se acobarde* (*Jn* 14, 27). ¡Ojalá se graben a fuego en tu mente y en tu corazón estas palabras de Jesús! Para que cuando te asalte el miedo por la desproporción entre tu fragilidad y la exigencia de la vida de discípulo en medio de nuestro mundo, puedas ser confortado por el mismo Señor, tal como hizo con aquellos primeros cuando experimentaron en su interior algo parecido.

Y junto con la palabra del Señor tienes, para vencer la angustia y el miedo, esa paz que Él te da y que es fruto del Espíritu Santo en tu alma. Una paz que no es como la del mundo, que solo alcanza a una ausencia, siempre efímera de conflicto. Esta paz es más profunda, más verdadera, y es capaz de permanecer en nosotros incluso en medio de las mayores tribulaciones exteriores. Es la paz de tener contigo a Dios, de saberte muy amado de Dios. La paz de saber que no cae sobre tus hombros el peso de sacar adelante todas las cosas, sino que el Salvador ha cargado por ti el peso. Pídele al Señor vivir siempre de esa paz. Para ello, como no te la puede dar nada mundano sino solo Dios, la única condición es que no eches de tu alma a ese Divino Huésped que ha hecho morada en ti. Trátale bien y goza de su compañía que es la fuente de tu paz.

LUNES VI SEMANA DE PASCUA

1. La auténtica fuerza de las palabras no está en ellas.
2. El testimonio interior del Espíritu.
3. Y el testimonio exterior de las palabras y las obras.

1. Hace algún tiempo me sucedió una cosa, que, por otra parte, no es infrecuente que nos pase a los sacerdotes. A la salida de la misa, mientras despedía a los feligreses en la puerta de la iglesia, se me acercó una señora que quería agradecer especialmente la homilía, porque –me dijo– «parecía que la había pronunciado para ella». Seguidamente me explicó lo mucho que le habían ayudado mis palabras acerca de la familia, de los deberes de los padres con los hijos y viceversa, así como de la importancia del perdón para mantener los vínculos familiares. Por último, me comentó el propósito que gracias al sermón había hecho y que se iba muy contenta. Yo le agradecí sus palabras y se marchó. Hasta aquí, puedes pensar, todo normal, una felicitación que da satisfacción recibir y que tiene el peligro de hinchar la vanidad de quien la recibe. La cuestión es que, puedo asegurarte, en aquel sermón hablé del perdón y de la misericordia, pero no dije una sola palabra acerca de la familia. Peligro de vanidad disipado: no fueron mis palabras lo que movió su corazón, si acaso fueron ocasión para que Otro lo hiciera.

Es lo que sucede en la lectura de la misa de hoy, tomada del capítulo 16 del libro de los Hechos de los Apóstoles. Pablo, con alguno de sus compañeros de viaje, va cerca de Filipos a un sitio que pensaba era un lugar de oración, y tal como nos refiere el libro de los Hechos, trabó conversación con algunas mujeres que estaban allí: *Una de ellas, que se llamaba Lidia, natural de Tiatira, vendedora de púrpura, que adoraba al verdadero Dios, estaba escuchando; y el Señor le abrió el corazón para que aceptara lo que decía Pablo* (*Hch* 16, 14). Muchas mujeres había allí escuchando a Pablo, pero solo de Lidia se dice que aceptó lo que proponía el apóstol. Lo que la movió no fue la elocuencia del discurso, que más o menos brillante fue el mismo para todas, sino que es la acción interior de Dios en su alma la que hace eficaces las palabras de san Pablo. La fuerza de las palabras de quien predica el evangelio no está en ellas ni en quien las pronuncia, sino en quien las llena de vida en el corazón de las personas. Esto es algo que no debemos olvidar los apóstoles de Cristo, y recuerda que tú formas parte de ellos.

2. La buena de Lidia debía ser una mujer de armas tomar. Comerciaba con púrpura, un tinte carísimo solo al alcance de los más ricos. Era, permíteme la expresión, un hueso duro de roer pues habría escuchado a infinidad de vendedores de humo. Además, nos dice el libro de los Hechos, que obligó a Pablo y sus compañeros a aceptar su invitación para hospedarse en su casa con un argumento muy femenino –quizá te vengan a la cabeza otros semejantes usados por tu madre o tu abuela– e imposible de refutar: *Si estáis convencidos de que creo en el Señor, venid a hospedaros a mi casa* (*Hch* 16, 15). Obligar a san Pablo a algo no es poca cosa. ¡Qué mujer tan extraordinaria debía ser aquella Lidia!

Estas consideraciones no pretenden ser un panegírico de Lidia sin más interés que promover el orgullo de quienes la tienen estima. Más bien pretenden que caigas en la cuenta del poder que tiene el Espíritu de Dios para mover los corazones. Es capaz de atraer a las personalidades más destacadas, las que jamás pensarías que serías capaz de mover con discurso o gesto alguno. Tal es la potencia del testimonio que ofrece el Espíritu Santo. De él habla Cristo en el evangelio de hoy: *Cuando venga el Paráclito, que os enviaré desde el Padre, el Espíritu de la verdad, que procede del Padre, él dará testimonio de mí* (*Jn* 15, 26).

Por eso, confía en este testimonio del Espíritu en tu apostolado. Es Él quien derribará los muros y vencerá las resistencias que te parecen insalvables para tus palabras y tus obras –y en verdad lo son para ellas solas–. Confía en esa fuerza de Dios y pide que encuentre la nobleza y el deseo de amor y de grandeza que encontró en el corazón de Lidia, porque esta es la condición para que pueda ser movido un corazón por este testimonio del Espíritu. Reza para que encuentre tal disposición en las almas de quienes tienes cerca.

3. En todo lo que venimos considerando, en línea con lo que aparece en las lecturas de la misa, encontramos la presencia de dos testimonios: el interior, obra del Espíritu que mueve el corazón para reconocer Jesús, y el que dan los fieles de Jesús con su palabra y sus obras. Dos testimonios o quizá, más bien, un único testimonio manifestado en esta dupla. La unidad del testimonio la encuentras en el objeto del mismo: es testimonio de Cristo y de su obra en favor de los hombres; y también en su fin: la salvación del que quiera recibirlo. Pero, además, hay unidad en el autor: el Espíritu Santo. Porque Él es quien mueve los corazones, con el testimonio interno, pero es también quien impulsa y vivifica a los discípulos de Jesús haciendo que sean capaces de dar testimonio, con palabras y obras, del Señor.

Por eso, junto con el anuncio del testimonio del Espíritu Santo, Jesús dice a los suyos: *Y también vosotros daréis testimonio* (*Jn* 15, 27). Un testimonio que es fruto de la acción del Espíritu Santo en sus almas. Por eso, piensa que cada vez que algún gesto o palabra de alguien ha sido ocasión para que te acerques más a Jesús, le conozcas mejor o, simplemente, te haya despertado el interés por Él, era el Espíritu Santo quien actuaba en esa persona y quien actuaba en ti para llevarte a Cristo. Y que esto te lleve a darle gracias a Dios porque ha querido salir a tu encuentro desde fuera y desde dentro de ti. Él no te ha dejado ni un instante, ni siquiera cuando preferías otros caminos a los suyos ignorante de la hondura y la riqueza de su amor; era entonces cuando, si cabe, más te buscaba. Ojalá que te lleven estas consideraciones a crecer en el amor a Dios y en el deseo de corresponder a Él.

MARTES VI SEMANA DE PASCUA

1. ¿Cómo puede convenir a los discípulos que Jesús se vaya?
2. Un Don incomparable.
3. Disfrutar de las pequeñas victorias.

1. Jesús se va al Padre, ha de dar cumplimiento a su misión y volver junto a quien le envió. Las referencias a este hecho son constantes en las largas palabras de despedida que dedica a los suyos y que venimos escuchando en el evangelio de la misa desde hace ya varios días. Puedes imaginar perfectamente la atmósfera que se va creando en los discípulos al escuchar una y otra vez que Jesús les tiene que dejar. La tristeza, la angustia, incluso el miedo, se apodera de sus corazones que se encogen en su pecho con cada nueva mención de su partida que oyen de labios de Cristo. No encuentran consuelo en la promesa de Jesús de que les enviará otro Paráclito y que, aunque va al Padre no les deja del todo, sino que junto con el Padre y por el Espíritu hará morada en ellos. Pesa demasiado en su ánimo pensar una vida sin el Maestro. Ya no se atreven ni a preguntar, no sea que la respuesta empeore aún más las cosas para ellos.

Jesús percibe todo este ambiente cargado y apesadumbrado que envuelve a sus íntimos, por eso lo aborda directamente, tal y como leemos en el evangelio de hoy: *Ahora me voy al que me envió, y ninguno de vosotros me pregunta: «¿A dónde vas?». Sino que, por haberos dicho esto, la tristeza os ha llenado el corazón. Sin embargo os digo la verdad: os conviene que yo me vaya; porque si no me voy, no vendrá a vosotros el Paráclito. En cambio, si me voy, os lo enviaré* (Jn 16, 6-7). Pero su respuesta, a oídos de los discípulos es todavía más insoportable: ¡Os conviene que me vaya! Ponte en su lugar: ¿Cómo puede convenir de alguna manera que parta de su lado la persona que ha cambiado su existencia y les ha hecho encontrar un camino y un sentido en la vida que no hubieran imaginado ni en sueños? Pues eso les dice Jesús: les convine que se vaya, les viene bien, porque si no, no podrá enviarles el Espíritu. Una de dos: o es mentira –y Jesús no puede mentir–, lo cual no es posible, o entonces el don que les dará Jesús, que es el Espíritu Santo, es de proporciones también inimaginables.

2. Como Jesús no va a engañar a los suyos, sus palabras diciendo que les conviene su partida solo pueden hablarnos de la grandeza del don que les va a hacer, tal y como te decía antes. Por eso parece muy indicado que nos detengamos en considerar el significado de lo que el Señor promete con tanta insistencia en su despedida. Lo primero de todo es constatar que lo que Jesús promete no es cualquier cosa, de hecho, no es ninguna cosa que Dios dé, sino que es Dios mismo quien nos es dado por Cristo. El Paráclito prometido es la tercera persona de la Santísima Trinidad. Así pues, con su vuelta al Padre, después de rubricar su entrega en la cruz y de resucitar,

Dios no abandona a los discípulos a su suerte, sino que permanece a su lado mediante la presencia del Espíritu Santo. Hasta aquí hay que decir que, al menos, no salen perdiendo, solo –permíteme la expresión– cambian la persona divina de cuya compañía gozar. Pero sigue sin estar claro por qué salen ganando con la subida de Jesús al Padre y el envío del Espíritu Santo.

Para comprender, o al menos intentarlo, el porqué de esa conveniencia hay que considerar lo que significará y hará en ellos el Paráclito. Pero antes un paso atrás: les conviene que Cristo parta porque eso significa que va a realizar la redención y que, por lo tanto, su marcha está vinculada de modo inseparable a la realización de la salvación. En este sentido, que Cristo vaya al Padre implica el triunfo sobre el pecado y la muerte. Y es claro que esto conviene a todos los hombres. Precisamente, es el Espíritu Santo quien realiza en cada hombre y en cada mujer lo que Cristo ha alcanzado para todos con su entrega en la cruz y su resurrección. Es propio del Espíritu la obra de santificarnos en virtud de los méritos de Jesús. Por eso les conviene tanto recibirlo, y nos conviene también a nosotros, porque el Espíritu Santo es quien aplica en tu existencia la victoria que te alcanza Jesús en la cruz. ¡Cuánto hemos de agradecer al buen Dios que nos haya dado a su Hijo para salvarnos y a su Espíritu para santificarnos!

3. Entender, al menos en parte, las palabras de Jesús, o darles crédito sin acabar de comprenderlas, que es lo que harían sus discípulos al escucharle decir que les conviene que se vaya, no exime ni un ápice de lo costoso del camino que señalan. Saber que el final es la victoria del Señor y que esa victoria será llevada por el Espíritu

Santo a la vida de cada discípulo, no resta dureza al momento, ni al de entonces ni al que ahora nos toca vivir. El camino de los discípulos de Jesús consta siempre de algo de cruz y de algo de resurrección, del dolor por la separación y la alegría del reencuentro. Y esto es así mientras dure la historia de los hombres.

Por eso tu camino, como el camino de toda la Iglesia, está jalonado de luchas, de pequeñas victorias y derrotas, de sufrimiento y alegría. La victoria no será completa hasta el final. De hecho, es muy importante, como ha dicho el papa Francisco, celebrar y festejar cada pequeña victoria, cada paso adelante[1], porque es ya una conquista del reino de Dios en tu vida y en la vida de los hombres. Fíjate en lo que sucede al final de la primera lectura de la misa de hoy, después de recibir el bautismo acompañado de todos los suyos, el carcelero de Pablo y Silas *los subió a su casa, les preparó la mesa, y celebraron una fiesta de familia por haber creído en Dios* (*Hch* 16, 34). ¿Acaso hay un motivo mejor para una fiesta?

---

[1] Cfr. Papa Francisco, *Evangelii Gaudium*, 24.

MIÉRCOLES VI SEMANA DE PASCUA

1. ¿Hay palabras de Jesús que son una carga?
2. Jesús es un gran pedagogo.
3. La tentación de los recortes.

1. El evangelio de hoy comienza con una declaración sorprendente de Jesús a sus discípulos: *Muchas cosas me quedan por deciros, pero no podéis cargar con ellas por ahora* (*Jn* 16, 12). ¿Pueden ser unas palabras de Jesús una carga para los suyos? ¿No es su palabra portadora de salvación? ¿No es Él quien nos libra de la pesada condena por el pecado que recae sobre nosotros? Y sin embargo, sus mismas palabras no dejan lugar a dudas: hay cosas que no puede decir a sus discípulos en ese momento, no por falta de tiempo o porque no las pueden entender todavía, sino porque son una carga que todavía no son capaces de soportar.

Que hay en el Evangelio y en la doctrina de la Iglesia aspectos difíciles de aceptar y que cuestan hacerlos propios es algo de lo que en seguida te habrás dado cuenta. A tu propia experiencia sobre esto, que seguramente tendrás, puedes añadir la de los primeros discípulos de Jesús que vieron cómo muchos rechazaban el anuncio de Jesús a causa de la exigencia del mismo. En la lectura de los Hechos de los Apóstoles que se lee en la misa de hoy tienes un ejemplo de esto. San Pablo, que había llegado a Atenas ofrece un largo discurso en el Areópago, donde se reunían los sabios a discutir sobre sus doctrinas, logra al principio una buena acogida de sus palabras. Sin embargo, al exponerles que Jesús ha muerto y resucitado para nuestra salvación, sucede que: *Al oír «resurrección de entre los muertos», unos lo tomaban a broma, otros dijeron: «De esto te oiremos hablar en otra ocasión»* (*Hch* 17, 32). Escuchar resurrección era demasiado para ellos. Su modo de pensar no aceptaba tal posibilidad y, por eso, rechazan las palabras de Pablo.

En el caso de los atenienses del libro de los Hechos la dificultad era de orden intelectual, su mentalidad no podía soportar la resurrección, que está en el corazón del evangelio. Pídele a Dios que, si tienes dificultades de orden intelectual y dudas en algunas cuestiones de fe, tengas la humildad de rendir tu juicio y abrazar la fe. Y, también, en lugar de «dejarlo para otro día» como los atenienses, busca aclararte y ruega a Dios que ilumine tu inteligencia para entender.

2. Las dificultades para recibir su palabra son conocidas por Jesús, tanto las dificultades para entenderlas como las que aparecen en la práctica para vivir cuanto se halla contenido en ellas. Por eso no atosiga a los suyos con cosas que todavía no pueden cargar porque les superan. Pero tampoco renuncia a ellas reduciendo entonces el alcance de la revelación de Dios y del camino que nos propone. En lugar de esto, Jesús, que conoce la debilidad humana y sus límites, sigue pacientemente el ritmo que sus discípulos pueden seguir. La revelación que Él nos hace de Dios y de su voluntad es progresiva para que así pueda ser recibida por nosotros. No tiene prisa, porque como Él mismo declara: *Cuando venga Él, el Espíritu de la verdad, os guiará hasta la verdad plena. Pues no hablará por cuenta propia, sino que hablará de lo que oye y os comunicará lo que está por venir* (*Jn* 16, 13).

Jesús te lleva hacia la verdad por un plano inclinado, de manera que la carga no te aplaste, sino que puedas progresivamente llegar cada vez más arriba. Actúa con nosotros como un buen maestro, que va llevando a sus alumnos, exigiéndoles poco a poco y sin perder a ninguno por el camino, hasta el conocimiento de lo que enseña. ¡Qué delicadeza del Señor para con nosotros! No solo nos ofrece la revelación del Padre, sino que también ha tenido en cuenta hacerlo de la manera más adecuada para que podamos recibirla. Y si Él tiene esta paciencia y esta delicadeza, ¿no debemos tenerla también nosotros mismos? Piensa en esto cuando tengas la tentación de desesperarte, contigo o con otra persona, a causa de las dificultades para avanzar en la vida cristiana o de la lentitud con que se dan tales avances.

3. Cuando hay problemas parece que la solución pasa por los temidos recortes. Sucede en las crisis económicas; la solución raramente llega sin pasar por recortar aquello que más lastra el gasto, dejándose así en el camino cosas y, en ocasiones, no poco importantes. Pero no es el único ámbito al que se suele recurrir cuando hay problemas, es decir, recortar aquello que se ve como una rémora. Empresas, sociedades, marcas comerciales, si perciben que algún aspecto de su imagen o de sus prácticas son rechazadas por la sociedad, o cuesta su aceptación, no dudan en apartar la causa de esas dificultades. También la Iglesia, o al menos quienes formamos parte de ella, en su vida y en su misión de evangelizar, tiene la tentación de recortar aquello que es más costoso vivir a los hombres en ese momento o en lo que sabe que causa en la sociedad cierto rechazo.

Fíjate en cómo actúa san Pablo en la lectura de los Hechos. Sabe lo difícil que es aceptar la resurrección para los griegos, pero no por ello renuncia a presentarla en su anuncio de Cristo, porque es consciente de que es algo esencial de la fe. En lugar de recortar por ahí, lo que hace es buscar con ese largo discurso la mejor forma de prepararlos. Toma ejemplo de Jesús y busca construir ese plano inclinado por el que ir llevándolos a la verdad. Es cierto que el riesgo de fracasar permanece siempre; san Pablo lo hizo en Atenas, tú y yo lo haremos en lugares menos ilustres. Pero que eso no te lleve nunca a recortar. Pídeselo a Dios: que la Iglesia se mantenga fiel a lo recibido de Cristo y, a la vez, que se preocupe siempre por buscar caminos para llevar a los hombres y mujeres poco a poco, al ritmo que sí puedan soportar, hasta esa verdad plena.

JUEVES VI SEMANA DE PASCUA

1. Agridulce es el reinar.
2. Entre la tristeza y la alegría el equilibrio
te lo da la esperanza.
3. Caminar con esperanza.

1. En una visita al monasterio del Parral, en Segovia, me explicaron que el rey Enrique IV de Castilla, que fundó y mandó construir el monasterio, hizo poner su escudo enmarcado con unos cardos y unas granadas, como puede verse todavía hoy en muchas partes del monasterio. El significado de esto, de los cardos y las granadas, era recordar que «agridulce es el reinar». Era una manera muy gráfica de no perder de vista que en la vida del gobernante habría siempre dificultades y amarguras, tristezas y errores, entremezclados con triunfos, éxitos y mieles de victoria. Es una gran verdad, no solo aplicable a la vida del gobernante, sino también a la vida de cualquier persona, pero que, sin duda, adquiere pleno sentido desde la óptica de una vida en el seguimiento de Jesús.

Sobre esto nos dice algo Él mismo en el evangelio de hoy: *En verdad, en verdad os digo: vosotros lloraréis y os lamentaréis, mientras el mundo estará alegre; vosotros es-taréis tristes, pero vuestra tristeza se convertirá en alegría* (*Jn* 16, 20). Ser discípulo de Cristo implica vivir momen-tos de tristeza que contrastan a veces con la alegría del mundo. Hoy puedes experimentar esto cuando ves cele-brar, como si fueran conquista de la libertad, cosas que ofenden a Dios y suponen un verdadero camino de su-frimiento para muchos hombres y mujeres. Piensa, por ejemplo, en tantos asuntos en relación a la sexualidad, a la idea de mujer y de familia, al trabajo y la economía... Si todo eso que el mundo celebra como un triunfo sabes que aflige el corazón de tu Señor, ¿cómo no compartir con Él este dolor y tristeza por la proliferación del pe-cado y la obstinación en él? Pon tu corazón al lado del de Jesús y siente con Él esa amargura, esa corona de espinas que se clavan en su cabeza y que representa lo amargo de reinar cuando los malos súbditos rechazan a tan noble y buen rey.

2. Pero en la vida de un cristiano no todo es amargo. Tu paso por la tierra no es un mal trago que haya que supe-rar cuanto antes para llegar al gozo del cielo. Es verdad que estamos de paso en esta vida, y que nuestra patria definitiva es el cielo, cuyas puertas nos ha abierto Cristo con su muerte y resurrección. Pero esto no significa que no vivamos ya en la tierra con la alegría anticipada del cielo, ni que no podamos disfrutar y gozar de las cosas maravillosas de la creación de Dios.

El discípulo de Cristo no puede ser alguien tristón ni un cenizo que tiene siempre un comentario inoportuno para agriar las fiestas. Al contrario, seguir a Jesús hace que sepamos disfrutar de las cosas, porque conocemos su origen y su destino mejor que cualquier otro. La alegría y el gozo humano forma parte también de nuestra vida; es verdad, que entrelazado siempre con la amargura de nuestros pecados y de los pecados y faltas de otros que también nos toca padecer. ¿Cómo se conjugan ambas cosas? ¿Cómo hacer que las alegrías del mundo no se conviertan en una vía de escape para las tristezas que nos impide alzar la vista a Dios? Y, a la vez, ¿cómo evitar que tomar en serio esas tristezas, que como meditábamos antes son las que afligen el corazón de Cristo, amarguen el alma y nos impidan gozar de las cosas de la tierra?

La clave la tienes en la esperanza. Esta virtud es la que te ayudará a equilibrar ambas cosas. Por una parte, frente a la tristeza y la amargura por lo que anda mal en el mundo, la esperanza te hace poner la mirada en Cristo. Una mirada que se dirige al pasado, para recordar su entrega en la cruz y su resurrección, y así recordar su victoria frente al pecado y la muerte. Pero que también apunta al futuro pues confía en la segunda venida del Señor, cuando esa victoria se manifieste en toda la creación. Así, aunque el sufrimiento y la pena por esas cosas no desaparece, y no lo hace porque es auténtico dolor de amor –como el del Señor–, sin embargo, la esperanza de lo que ha de llegar te ayudará a sobrellevar lo amargo sabiendo que no es definitivo.

3. La esperanza también te ayuda a no dejarte llevar por las alegrías del mundo más allá de donde corresponde, ni a buscar en ellas una evasión de las cosas desagradables de la vida. Porque frente a las tristezas del mundo hay un modo de buscar salida, que es en realidad una salida en falso, en el disfrute y la alegría terrena. Lo puedes observar en muchas personas a tu alrededor. Con frecuencia se va detrás de experiencias cada vez más intensas o extremas, ya sea en el deporte, la música, o el ocio de cualquier clase. Poner la confianza en el gozo del cielo sitúa el de la tierra en su justo lugar.

La esperanza hace que puedas soportar sin venirte abajo esos momentos de dificultad o de soledad, sin tener que correr para llenarlos con algo que sepulte aquello bajo la apariencia de felicidad. No te será extraño reconocer esto, en otros y quizá en ti. Parece haber en la sociedad un miedo al silencio o a los momentos de soledad precisamente porque dan ocasión para pensar en lo amargo de la vida. Fíjate en cómo no se deja espacio a ninguna de las dos cosas: siempre oyendo algo, ya sea ambiental o con cascos, y siempre conectados por redes sociales y otros instrumentos. No te dejes llevar por esta tentación. Tu vida entrelaza cardos y granadas, amargo y dulce, tristeza y alegría, y está muy bien que sea así. Pídele a Dios que aumente en ti la virtud de la esperanza para que camines en la tierra en este equilibrio de pena y alegría, que son reflejo de la cruz y la resurrección que acompañan tu camino, con la mirada puesta en el cielo.

VIERNES VI SEMANA DE PASCUA

1. Dos bandos muy claros.
2. Solo hay una cosa verdaderamente triste.
3. Vivir no es sobrevivir.

1. Como un padre que previene a sus hijos del peligro, o un amigo que no quiere que el otro sufra innecesariamente, el Maestro alerta a los apóstoles antes de que suceda: *En verdad, en verdad os digo: vosotros lloraréis y os lamentaréis, mientras el mundo estará alegre; vosotros estaréis tristes, pero vuestra tristeza se convertirá en alegría* (*Jn* 16, 20).

La muerte de Jesús manifestará la existencia de dos bandos: por un lado, la de aquellos que piensan que ya han derrotado a Dios; la de aquellos para los que Él les es molesto y quieren eliminarlo; los que se alegran con su ausencia; en definitiva, los que luchan por una vida sin Dios. Parece que son muchos, que tienen mucha fuerza y que sus ideas se propagan imparablemente... Por otro lado, están los amigos de Jesús, aquel grupo de íntimos que sufren por su muerte que les hace sumergirse en la desesperanza; que, a veces, ceden al pensamiento de si todo eso había sido mentira, que su vida de entrega no tenía sentido... Doce, algunos amigos más y unas pocas mujeres; escondidos, con miedo... Pero todavía no se ha pronunciado la última palabra, *vuestra tristeza se convertirá en alegría* (*Jn* 16, 20).

Después de veinte siglos no han cambiado mucho las cosas. Todavía existe un grupo grande que se honra de vivir sin Dios y lucha por imponer su criterio; gente que ensalza el pecado –y el pecado público– bajo capa de tolerancia y respeto; hombres y mujeres –en la universidad, en el lugar de trabajo o en el grupo de amigos– que se ríen abiertamente de la fe cristiana o atacan impunemente a nuestra Madre la Iglesia. No debemos asustarnos, son los de siempre, pero vestidos de una manera más moderna.

Estas palabras de Jesús en la Última Cena tienen como objetivo pacificar el corazón de los creyentes, recordarnos que no estamos solos, que el señorío de Dios es infinitamente más poderoso que todos sus enemigos juntos, por mucho ruido que hagan. A veces Dios permite períodos de prueba –personales, eclesiales o mundiales– para hacernos crecer en humildad y abandono en sus paternales brazos. Las dificultades, vividas con Él, pueden hacernos crecer; nos sirven para identificarnos más con el Maestro y desprendernos de nuestra soberbia y amor propio que nos lleva, muchas veces, a confiar exclusivamente en nuestras solas fuerzas.

2. Ya ha salido más de una vez en este tiempo de Pascua, que la alegría es una característica esencial del cristiano, que la tristeza y la desesperanza son aliadas del enemigo y que las utiliza para debilitar nuestra relación filial con Dios. Sin embargo, a esta afirmación cabe una excepción muy matizada: sí que hay para el cristiano un motivo de «tristeza»: el pecado.

Pero se trata de una tristeza distinta, es un dolor de amor por haberme alejado de Aquel que me ama sobreabundantemente y que tantas pruebas me ha dado de ello. Es una tristeza que brota del amor que le tenemos; como nos disgustamos cuando nuestro comportamiento ha generado un enfado en nuestros padres o amigos. Ante la entrega absoluta de Dios, yo le pago con mi indiferencia e ingratitud. La realidad del pecado solo puede entenderla quien sabe amar. Si no fuera así, los otros creerán que se trata del incumplimiento de una norma externa o de un código ético, «algo que he hecho mal, o que ha salido mal, un error, en definitiva»; pero se trata de algo más profundo, pues hace relación a una Persona.

Esa tristeza, si la vivimos correctamente, no nos aleja de Dios, al contrario, nos impulsa a sumergirnos en los torrentes de su divina misericordia; es impulso que nos hace dejar de lado la humillación, el amor propio herido, la soberbia de pensar que éramos impecables, para reconocer humildemente nuestras culpas y recibir el perdón de nuestro Padre Dios.

Que nunca nos acostumbremos al pecado ni rebajemos su importancia –sin escrúpulos, claro–, y que nunca nos acostumbremos a ese sacramento divino de la confesión.

A veces creemos que la vida de «los sin Dios» es más divertida, más atractiva, etc.: pero eso es un espejismo del desierto. Otras, que no hace falta tanta oración, ni asistencia a la Santa Misa, ni estar tan pendiente de los demás, que mi director espiritual exagera y que otros con menos se conforman: engaño del enemigo para

arrastrarte, de manera progresiva, a su bando. ¡No ce-
damos a esa tentación! Vivamos del Amor de Dios y para
el Amor de Dios.

3. El Maestro insiste: *También vosotros ahora sentís tristeza; pero volveré a veros, y se alegrará vuestro corazón,
nadie os quitará vuestra alegría* (*Jn* 16, 22). Jesús les invita a mirar más allá.

«Son palabras que indican una propuesta rebosante
de felicidad sin fin, del gozo de ser colmados por el amor
divino para siempre.

Plantearse el futuro definitivo que nos espera a cada
uno de nosotros da sentido pleno a la existencia, porque
orienta el proyecto de vida hacia horizontes no limita-
dos y pasajeros, sino amplios y profundos, que llevan a
amar el mundo, que tanto ha amado Dios, a dedicarse
a su desarrollo, pero siempre con la libertad y el gozo
que nacen de la fe y de la esperanza. Son horizontes que
ayudan a no absolutizar la realidad terrena, sintiendo
que Dios nos prepara un horizonte más grande, y a repetir con san Agustín: "Deseamos juntos la patria celeste,
suspiramos por la patria celeste, sintámonos peregrinos
aquí abajo". Teniendo fija la mirada en la vida eterna,
el beato Pier Giorgio Frassati, que falleció en 1925 a la
edad de 24 años, decía: "¡Quiero vivir y no ir tirando!", y
sobre la foto de una subida a la montaña, enviada a un
amigo, escribía: "Hacia lo alto", aludiendo a la perfec-
ción cristiana, pero también a la vida eterna.

Queridos jóvenes, os invito a no olvidar esta perspectiva en vuestro proyecto de vida: estamos llamados
a la eternidad. Dios nos ha creado para estar con Él,

para siempre. Esto os ayudará a dar un sentido pleno a vuestras opciones y a dar calidad a vuestra existencia»[1].

Solo podremos vivir en plenitud el «hoy, aquí y ahora» si tenemos claro el horizonte de nuestra vida; de lo contrario, haremos cosas, pasarán los días y los años, pero no habremos conseguido una existencia plena; simplemente habremos sobrevivido. Pidámoselo a nuestra Madre del Cielo, que nunca encerremos nuestra vida en los cortos horizontes presentes, sino que soñemos con la eternidad.

---

[1] BENEDICTO XVI, *Mensaje para la XXV Jornada Mundial de la Juventud* (28-3-2010).

SÁBADO VI SEMANA DE PASCUA

1. ¿Adoramos los católicos a la Virgen?
2. La veneración a María lleva siempre a su Hijo Jesucristo.
3. Venerar e imitar.

1. Los sábados son días dedicados particularmente a Santa María. Por eso, para tu oración de hoy te propongo fijar la mirada en María. Recuerdo que un muchacho evangélico, que iba a un colegio donde presté atención sacerdotal varios años, me preguntó en una ocasión: ¿por qué los católicos adoráis a la Madre de Jesús? Yo le respondí, dejándole algo desconcertado, que los católicos en absoluto adorábamos a la Virgen María, que solo adorábamos a Dios, pues nadie más que Él puede ser objeto de adoración. Y después, una vez que este punto quedó del todo claro, le expliqué que a María lo que le profesábamos era una profunda veneración. De momento aquella respuesta le valió, pero a los pocos días volvió para preguntarme: ¿cuál es la diferencia entre veneración y adoración? Es una buena pregunta, que puede ayudarnos a profundizar en el significado y presencia de María en la vida cristiana.

El culto de adoración es algo que corresponde, como te decía antes, únicamente a Dios. Significa reconocerlo como el único Señor y Creador de todo, e implica la entrega total a Él y la aceptación de su voluntad. La adoración se dirige a Dios por ser quien es. Por contra, la veneración a los santos y la Virgen se dirige a ellos en cuanto han sido depositarios de la gracia y los bienes divinos. Dicho de otro modo, al venerar a los santos y a María reconocemos lo que Dios ha realizado en ellos, de modo que este culto a la Madre de Cristo y los santos no termina en ellos, sino que apunta, en último término, a Dios. Admirar y venerar a María, la obra más perfecta de la gracia, significa agradecer y reconocer la bondad y el poder de Dios que ha hecho en ella maravillas. Por eso, el trato y la devoción a María no te separan nunca de adorar a Dios, sino que te llevan a ello de la manera más directa y eficaz. Cultiva tu trato con María y cosecharás mayor cercanía con Dios.

2. No es una mera consideración teórica decir que la veneración a María, cuando es verdadera, lleva a una adoración profunda de Dios, sino que es, de hecho, un camino magnífico para ello. Dice al respecto el gran teólogo suizo Hans Urs von Balthasar: «La veneración de María es el camino más seguro y más corto para llevarnos a una cercanía concreta a Cristo. En la meditación de su vida en todas sus fases aprendemos lo que significa vivir para Cristo y con Cristo en lo cotidiano, con un realismo que está privado de toda efusión, pero conoce una perfecta intimidad. Contemplando la existencia de María, nos doblegamos también a la oscuridad que se impone a nuestra fe; aprendemos, no obstante, que siempre hemos de estar preparados cuando Jesús exige repentinamente algo de nosotros»[1].

Que tu veneración a María es camino seguro y rápido para llegar a Jesús es algo que puedes comprobar con facilidad deteniéndote en considerar el contenido y significado de las oraciones que le diriges a ella. Por ir a las más comunes. Empieza por el avemaría y verás que está compuesto de principio a fin por palabras tomadas de la Sagrada Escritura. El saludo del ángel y su anuncio a María te llevan a poner la mente y el corazón en el misterio de la Encarnación del Verbo, para después encomendarte a la Madre de Dios, el título principal de la Virgen y que habla de su vocación divina, ahora y en la hora definitiva de la muerte.

Lo mismo sucede con el ángelus; sus tres breves frases, que anteceden a las correspondientes avemarías, te llevan a considerar nuevamente la venida en carne del Hijo de Dios y la correspondencia de María con su sí al plan de Dios. Por último, ¿qué es el rosario sino meditar de la mano de María la vida de Cristo?

Ojalá estas consideraciones te lleven a rezar estas oraciones con mayor hondura, de tal modo que realicen en ti lo que significan y te lleven por María a su hijo Jesucristo.

3. Pero el lugar de la Virgen María en tu vida cristiana no se reduce a la contemplación en ella de las maravillas de Dios, ni siquiera en venerarlas devotamente; reclama también de tu parte el esfuerzo por seguir su

---

[1] H. U. von Balthasar, *María Iglesia naciente*, 91-93. Y lo que sigue.

ejemplo. Escucha al respecto lo que dice nuevamente von Balthasar: «Una veneración a distancia sería inútil, si la actitud de María no estimulara también inmediatamente a la imitación, y hasta cierto sentido a la comprensión desde dentro». Según esto, además de venerar conviene mucho que el culto que le brindas a María te lleve a imitarla y a comprender desde ella tu vida. Quizá se te ocurra objetar que, como dice, por ejemplo, san Pablo, solo a Jesucristo hay que imitar y que imitar a otra persona solo puede ser una interferencia en la imitación de Cristo.

Piensa en qué consiste la imitación de María. No puede ser otra cosa que imitar su sí a Dios, pues en ese sí se apoya toda la existencia de María. Todo en ella se articula en torno a su vocación a ser la Madre de Dios y su aceptación con total disponibilidad de la misma. Y, a su vez, este sí de la Madre no es sino, de nuevo en palabras del gran teólogo suizo: «el eco humano perfecto del sí divino-humano de Jesús al Padre. (...) El sí de Cristo y el sí de María están completamente entrelazados uno con el otro».

Imitar a María es, según lo que venimos considerando, imitar su sí a Dios, que a su vez es reflejo del sí de Jesús. De nuevo la Madre, su sí, es el camino corto y recto para llegar al Hijo y a su sí al Padre. Entra en la escuela de María para aprender a decir sí con la misma generosidad, disponibilidad y alegría que lo hizo ella.

DOMINGO VII DE PASCUA
ASCENSIÓN DEL SEÑOR CICLO A

1. La despedida, al fin, llegó.
2. Una misión enorme y una promesa aún mayor.
3. Y, tras la marcha de Jesús, qué hacer.

1. En su largo discurso de despedida, que llevamos leyendo en la misa desde hace bastantes días, Jesús insiste en anunciar a los suyos su marcha al Padre, que será precedida de su pasión, muerte y resurrección. Y ese día, del que quizá se hicieron la ilusión de que no iba a llegar nunca, por fin ha amanecido. Hoy celebramos la fiesta que recuerda la subida de Jesucristo al cielo. Él vino al hombre para llevar al hombre a Dios. Su misión no acaba hasta que vuelva al Padre. La Ascensión no significa en absoluto que se desentienda ya de nosotros, al contrario, forma parte de la obra de Jesús en favor de todos los hombres. Por nosotros bajó del cielo y se encarnó, por nosotros padeció, murió y resucitó, y ahora, también por nosotros los hombres, sube al cielo para abrirnos las puertas de la casa del Padre.

El evangelio de hoy, que son los últimos cinco versículos de san Mateo, nos presenta las últimas palabras de Cristo a sus discípulos antes de subir al cielo, una Ascensión que Mateo no detalla, sino que deja sugerida. Jesús se aparece por última vez a los once apóstoles –recuerda que falta Judas, el traidor– y, nos relata san Mateo que *al verlo, ellos se postraron, pero algunos dudaron* (*Mt* 28, 17). Detente un momento en este detalle. ¡Qué sinceridad la del evangelista y qué humildad para reconocer que todavía algunos de ellos dudaron! ¡Como para dudar luego de los relatos de los evangelios! Han querido ser tan fieles a lo que vivieron que no les importa quedar fatal. Porque, si lo piensas, dudar después de ver a Cristo en la cruz, de que se les apareciera varias veces, juntos y a algunos por separado, de que les volviera a hacer pescar milagrosamente en el lago, después de todo eso, dudar... no hay quien lo defienda ni quien lo entienda. Pues así eran aquellos hombres y, en el fondo, así somos tú y yo, capaces de dudar después de todo. Jesús no se escandaliza, no hay reproche, solo confianza en ellos para encomendarles la misión. Así es el Señor. Nunca nos cansaremos de asombrarnos y conmovernos con su benevolencia hacia nosotros.

2. Las últimas palabras de Jesús están dedicadas a la misión que deben realizar en su nombre: *Id, pues, y haced discípulos a todos los pueblos, bautizándolos en el nombre del Padre y del Hijo y del Espíritu Santo; enseñándoles a guardar todo lo que os he mandado* (*Mt* 28, 19-20). Y junto con la misión una promesa: *Y sabed que yo estoy con vosotros todos los días, hasta el final de los tiempos* (*Mt* 28, 20). Es como si Jesús, sabiendo que la tarea excede con creces sus fuerzas, quisiera anticiparse a las objeciones que pudieran presentarle. Es verdad que la misión es enorme: han de ir, no a un solo pueblo

–como los profetas antiguos–, sino a todos; y no llevan solo un anuncio de salvación, sino la salvación misma, a la que se accede por el bautismo. Por eso acompaña la encomienda de una misión tan grande con una promesa todavía más grandiosa: su presencia a su lado todos y cada uno de los días hasta el final de la historia. Es una promesa semejante, aunque mayor –como lo es también el encargo–, de la que hizo a los profetas en el pasado. Como señala san Juan Crisóstomo: «No me vengáis –parece decirles–, con la dificultad de lo que os mando, porque yo estoy con vosotros para facilitároslo todo. Lo mismo decía constantemente a los profetas en el Antiguo Testamento: a Jeremías, que le oponía su juventud; a Moisés y a Ezequiel, que rehusaban su misión: "Yo –les dice– estoy con vosotros". Algo así hace aquí con sus apóstoles»[1].

La misión y la promesa van dirigidas a los apóstoles, pero también a cuantos crean por su testimonio; si no, ¿cómo podría estar con ellos hasta el final de los tiempos? Es evidente que aquellos hombres murieron y la historia siguió adelante. Solo si en ese «vosotros» están todos los discípulos de Jesús a lo largo de los siglos puede cumplirse lo prometido. Por lo tanto, la promesa es también para ti. Jesús se ha comprometido a estar a tu lado todos los días de tu vida. Lo hace por la Eucaristía, lo hace también por medio del Espíritu que habita en tu alma en gracia. Ojalá te esfuerces cada día en ser una buena compañía para Jesús, como Él lo es siempre para ti.

---

[1] San Juan Crisóstomo, *Homilías sobre el Evangelio de Mateo*, 90, 2.

3. Jesús les ha encomendado la misión de ir a todos los pueblos a llevar la salvación y les ha prometido que no les abandonará jamás, que estará a su lado. Después ha subido al Padre, y ahora, qué. Los discípulos regresaron a Jerusalén y permanecieron juntos en torno a la Virgen María esperando el don del Espíritu Santo que Jesús había prometido enviar cuando subiera al Padre. No fueron muchos días los que separaron la Ascensión de Pentecostés, apenas diez, pero puedes imaginar que transcurrieron en un ambiente de esperanza y de fervor por recibir por fin al Paráclito prometido.

Cuélate en el Cenáculo donde estaban reunidos con María y pasa en su compañía estos días de espera hasta la efusión del Espíritu. Contágiate de su impaciencia por recibirlo, alimentada por la incertidumbre de no saber cuánto debían esperar, y que eso alimente tu deseo –como también alimentaba el de ellos– de recibir de Dios sus dones y, en particular, el don con mayúsculas que es su Espíritu. Participa en sus conversaciones en las que imaginarían lo que les aguardaba y se llenarían de ilusión. Y, sobre todo, aprovecha para estar junto a María. Ella les recordaba más que nada en la tierra a su Hijo Jesús. Vive siempre muy cerca de María, que estos días te ayuden a ello. Porque te recordará a Jesús, traerá sus palabras a tu memoria y compartirá contigo esas meditaciones profundas y enjundiosas de su corazón. Y comparte con ella su alegría por ver a su Hijo Jesucristo subir al cielo y saber que lleno de la gloria del Padre aguarda allí a que nos reunamos con Él en la bienaventuranza eterna.

DOMINGO VII DE PASCUA
ASCENSIÓN DEL SEÑOR CICLO B

1. Cuarenta días en unas pocas líneas.
2. Respetar las últimas voluntades.
3. La compañía de la Madre.

1. El tiempo que media entre la Resurrección y su Ascensión nos ha sido transmitido de una manera muy concisa. Pero cuarenta días son muchas horas y dan para mucho. Posiblemente los Evangelistas solo se hacen eco de lo más reseñable; sin embargo, quizá nos omitan tantos ratos –los últimos– pasados entre el Maestro y sus Apóstoles. La intimidad del Cenáculo pudo haber sido testigo de aquellas conversaciones que han quedado en el hondón del alma de los Once; como tantas cosas que también te han pasado a ti en tu relación con Dios y que solo vosotros conocéis.

La Ascensión, día de alegría y de nostalgia; de alegría porque la Humanidad de Jesucristo es glorificada, y de nostalgia porque se va al Cielo, porque no lo vemos, ni tocamos, ni sentimos de la misma manera.

«La Ascensión del Señor marca el cumplimiento de la salvación iniciada con la Encarnación. Después de ha-

ber instruido por última vez a sus discípulos, Jesús sube
al cielo. Él entretanto "no se separó de nuestra condición"; de hecho, en su humanidad asumió consigo a los
hombres en la intimidad del Padre y así reveló el destino
final de nuestra peregrinación terrena. Del mismo modo
que por nosotros bajó del cielo y por nosotros sufrió y
murió en la cruz, así también por nosotros resucitó y subió a Dios, que por lo tanto ya no está lejano. San León
Magno explica que con este misterio "no solamente se
proclama la inmortalidad del alma, sino también la de
la carne. De hecho, hoy no solamente se nos confirma
como poseedores del paraíso, sino que también penetra-
mos en Cristo en las alturas del cielo". Por esto, los discípulos, cuando vieron al Maestro elevarse de la tierra
y subir hacia lo alto, no experimentaron desconsuelo,
como se podría pensar; más aún, sino una gran alegría, y se sintieron impulsados a proclamar la victoria
de Cristo sobre la muerte. Y el Señor resucitado obraba
con ellos, distribuyendo a cada uno un carisma propio
(...).

Queridos amigos, la Ascensión nos dice que en
Cristo nuestra humanidad es llevada a la altura de Dios;
así, cada vez que rezamos, la tierra se une al cielo. Y,
como el incienso, al quemarse, hace subir hacia lo alto
su humo, así, cuando elevamos al Señor nuestra oración
confiada en Cristo, esta atraviesa los cielos y llega a Dios
mismo, que la escucha y acoge. En la célebre obra de
san Juan de la Cruz, *Subida del Monte Carmelo*, leemos
que, "para alcanzar las peticiones que tenemos en nuestro corazón, no hay mejor medio que poner la fuerza de
nuestra oración en aquella cosa que es más a gusto de
Dios; porque entonces no solo dará lo que le pedimos,

que es la salvación, sino aun lo que él ve que nos conviene y nos es bueno, aunque no se lo pidamos"»[1].

2. Todos recordamos con inmenso cariño y emoción las últimas palabras de una persona amada antes de despedirnos, por un tiempo largo o por la muerte. Cobran un significado especial por el hecho de ser las últimas, como si en ellas –por breves que sean– se condensara toda la vida del finado. Me parece que esto es lo que sucede con lo que nos transmite hoy san Marcos en su evangelio; recoge la despedida, pero esta es muy especial porque contiene un mandato imperativo, no solo para los que le escuchan, sino para los apóstoles de todos los tiempos.

«La evangelización obedece al mandato misionero de Jesús: "Id y haced que todos los pueblos sean mis discípulos, bautizándolos en el nombre del Padre y del Hijo y del Espíritu Santo, enseñándoles a observar todo lo que os he mandado". En estos versículos se presenta el momento en el cual el Resucitado envía a los suyos a predicar el Evangelio en todo tiempo y por todas partes, de manera que la fe en Él se difunda en cada rincón de la tierra.

En la Palabra de Dios aparece permanentemente este dinamismo de "salida" que Dios quiere provocar en los creyentes. Abrahán aceptó el llamado a salir hacia una tierra nueva. Moisés escuchó el llamado de Dios: "Ve, yo te envío", e hizo salir al pueblo hacia la tierra de la promesa. A Jeremías le dijo: "Adondequiera que yo te envíe irás". Hoy, en este "id" de Jesús están presentes los

---

[1] BENEDICTO XVI, *Regina Coeli* (20-05-2012).

escenarios y los desafíos siempre nuevos de la misión evangelizadora de la Iglesia, y todos somos llamados a esta nueva "salida" misionera. Cada cristiano y cada comunidad discernirá cuál es el camino que el Señor le pide, pero todos somos invitados a aceptar este llamado: salir de la propia comodidad y atreverse a llegar a todas las periferias que necesitan la luz del Evangelio»[2].

En este momento del mundo y de la Iglesia, cada uno hemos de concretar este mandato de Cristo: «id y predicad». Ningún bautizado –¡tú tampoco!– puede quedar al margen de este grito divino; aun cuando por desgracia tantos miles le dan la espalda...

3. Le ven marcharse, ascender al Cielo y sentarse a la derecha del Padre; pero su vida continúa. Me gusta imaginarme que van al encuentro de María, comentan los últimos acontecimientos y esperan pacientes la venida del Espíritu Santo. Releen a la luz de los últimos acontecimientos toda su vida: desde su infancia al momento del encuentro de Jesús, los años pasados en su compañía, recordarían conversaciones, ratos de intimidad, correcciones; vuelven a los días amargos de la pasión y a los días gloriosos de la resurrección...

Si miramos a nuestra vida, también encontramos un montón de motivos para agradecer. Cuánta gente a nuestro alrededor desconoce la belleza de la vida cristiana, de la amistad con Jesús y se afana, tantas veces de una manera frustrante, en arrastrar la vida que les ha tocado vivir. Tú y yo tenemos el don de la fe, fe que hemos recibido gratuitamente de Dios y a través de tantos

---

[2] PAPA FRANCISCO, *Evangeli Gaudium,* 19-20.

que desde aquella mañana de la Ascensión se tomaron en serio las últimas voluntades de Cristo.

María, Madre mía, ayúdame a mí también a ser verdadero apóstol en mi ambiente, que no me esconda detrás del entorno hostil y la incomprensión para apagar esa luz que tu Hijo ha encendido en mi alma.

DOMINGO VII DE PASCUA
ASCENSIÓN DEL SEÑOR CICLO C

1. *Cristo ascendió a los cielos y sus*
discípulos se llenaron de alegría.
2. *Subió para quedarse siempre con nosotros.*
3. *Llamados a la gloria del cielo.*

1. Celebramos hoy la fiesta de la Ascensión del Señor. Durante estas semanas Cristo se ha aparecido a los suyos. Les ha demostrado que vive de verdad, y que ha resucitado con la misma carne con que fue crucificado. Es Él mismo. Cuando considera que los discípulos tienen ya suficientes elementos para creer, se va a la vista de todos: sube a los cielos, a la derecha del Padre.

Cuenta el evangelio de san Lucas que los apóstoles, después del desconcierto inicial, estaban muy contentos (cfr. *Lc* 24, 52). Pero, si el Señor se ha ido, si ya no verían más al Maestro (a quien tanto amaban), ¿por qué esa alegría?

Más de una vez lo he pensado, y me temo que habrá tantas respuestas como modos de querer a Jesús –quizá, hoy mismo, Jesús quiere decírtelo a ti–. Sin embargo, algo de luz me dieron las palabras que dirigió aquel anciano sacerdote a unos jóvenes recién ordenados, el día en que salían a las misiones repartidas por todo el mundo: considerando la escena de la Ascensión, me llama muchísimo la atención la alegría de los apóstoles ante la partida de Cristo. Pienso en su convencimiento –muy profundo– de que Él iba a abogar por ellos ante el Padre; que sí, que perdían una compañía física, pero que a partir de ahora iban a encontrarle en todo momento.

No es de extrañar que la antífona de comunión de la Misa de hoy sea ese texto tan bonito: *Yo estaré con vosotros todos los días hasta el fin del mundo* (*Mt* 28, 20). Lo entendieron muy bien, porque tenían sentido sobrenatural y comprendían la nueva y estupenda relación que iban a tener con el Señor. Llegaron al fondo del misterio, apuraron hasta el final su relación con Dios, le quisieron de verdad... tan bien lo comprendieron que llegaron a dar la vida por Él...

Subió a los cielos... para quedarse para siempre allí. Y nosotros, dispersos por todo el mundo, predicando su palabra muy lejos unos de otros, estaremos muy cerca si permanecemos unidos a Él, porque, recordadlo: está con nosotros todos los días hasta el fin del mundo.

2. Jesús, que tantísimo quería a los discípulos, se separa de ellos... y ellos están alegres. Una paradoja, pero lo saben: es un nuevo modo de unión, misterioso, escondido, mucho más real ¡Qué separación tan gozosa!

«Porque el Señor Jesús, rey de la gloria, triunfador del pecado y de la muerte, ante la admiración de los ángeles, ascendió hoy a lo más alto de los cielos, como mediador entre Dios y los hombres, juez del mundo y Señor de los espíritus celestiales. No se fue para alejarse de nuestra pequeñez, sino para que pusiéramos nuestra esperanza en llegar, como miembros suyos, a donde Él, nuestra cabeza y principio, nos ha precedido»[1].

Jesús se hace buen cargo de nuestra debilidad. Asciende a lo alto para que conozcamos nuestro destino. Alienta nuestros deseos de cielo. Ocupa su lugar como Dios y, a la vez, es el primer hombre que llega al corazón de Dios mismo, porque Cristo es, no lo olvides, verdadero Dios y verdadero hombre.

Por eso, esta fiesta está llena de esperanza: Cristo se queda de un modo nuevo en medio de nosotros para ayudarnos en nuestra nadería. El hombre ha alcanzado por fin al corazón del misterio de Dios, hablando al Padre bien de nosotros, como mediador que es.

¡Cuánta confianza! Dios cercano porque nos ha llevado a todos donde está Él.

Búscalo con todo tu corazón.

3. *Mientras estaban fijamente mirando al cielo, viéndolo alejarse, se les presentaron dos hombres vestidos de blanco que les dijeron: «Galileos, ¿qué hacéis ahí parados mirando al cielo? Ese mismo Jesús que os ha dejado para subir al cielo volverá como lo habéis visto marcharse»* (Hch 1, 10-11).

Ese día, los apóstoles fueron no solo conscientes de que su relación con Cristo adquiría unas características nuevas, sino que la misma amistad con los otros apóstoles se transformaba totalmente.

Es posible que en algún instante hubieran pensado que iban a estar siempre juntos, sin separarse, disfrutando de una vida cómoda. Ahora era ya claro que no. Se querían... ¡vaya si se querían! Pienso que habrá pocos amores más grandes que la fraternidad de los discípulos de Cristo.

---

[1] Prefacio I de la Ascensión.

Aún hoy sigue siendo así. Sin embargo, con la subida de Cristo al cielo, y la venida del Espíritu Santo, llegó el momento de la separación. Tomás se fue a la India, Santiago hacia occidente hasta el fin del mundo, Pedro acabaría en Roma, y el resto... después de tres años juntos, esta partida no debió de ser sencilla. Sabían que con gran probabilidad no se verían nunca más.

Todos menos san Juan murieron mártires a causa de su amor a Cristo. Hoy todos están en el cielo, después de cumplir su trabajo y haber cubierto con su predicación los cuatro puntos cardinales.

Estoy convencido de que llevaron en su corazón el nombre de los otros Once durante toda su vida, hasta que encontraron el martirio... y ahora se reencuentran en ese lugar tan bonito que es el cielo, con las manos llenas. *Yo os he elegido a vosotros* –les había dicho Jesús–, *y os he destinado para que vayáis y deis fruto, y vuestro fruto permanezca* (*Jn* 15, 16).

Podemos pedir a Dios que todos nos encontremos con Cristo en el cielo cuando nos llame: todos los que leemos este libro, todos nuestros familiares, todas nuestras personas queridas. Que el fruto del anuncio apostólico del evangelio, que somos cada uno de los cristianos, tú y yo, permanezca. Estaremos junto a Jesús con aquellos que supieron amar a Dios sobre todas las cosas, con todo el corazón. La esperanza de esa recompensa es fundamento de una auténtica alegría, y nos llena de ganas de renovar la entrega cada día...

Entre tanto, mientras llegamos al cielo, nos queda servir de todo corazón a nuestro prójimo, quererlo de verdad y llevar en nuestros corazones los nombres de todos aquellos otros apóstoles que tanto queremos –amigos, familiares o discípulos nuestros– que se separaron de nosotros, para llevar el buen nombre de Cristo a toda la creación.

LUNES VII SEMANA DE PASCUA

1. Ven Espíritu Divino, manda tu luz desde el cielo,
2. Padre amoroso del pobre, don en tus dones espléndido,
3. luz que penetras las almas, fuente del mayor consuelo.

1. Hace más de cien años, un escritor ateo presentaba una escena aún hoy desgarradora. Describía a un hombre entrando con un farol en una gran plaza, diciendo a voz en grito: «¡Busco a Dios!, ¡Busco a Dios!... ¿A dónde se ha ido Dios? ... Os lo voy a decir... ¡Dios ha muerto! ¡Y nosotros le hemos matado!... Lo más sagrado y poderoso que poseía hasta ahora el mundo se ha desangrado bajo nuestros cuchillos». Aquí, el loco se calló y volvió a mirar a su auditorio: también ellos callaban y le miraban perplejos. Finalmente, arrojó su farol al suelo, de tal modo que se rompió en pedazos, y se apagó. «Vengo demasiado pronto –dijo entonces–, todavía no ha llegado mi tiempo. Este enorme suceso todavía está en camino y no ha llegado hasta los oídos de los hombres»[1].

Muchos, leyendo estas líneas, han perdido la fe. Y, después de tantos años, casi podría parecer que el

---

[1] F. Nietzsche, *La gaya ciencia*, n. 255.

momento que anuncian ha llegado por fin: Dios, para mucha gente, no significa nada. Lo sabes bien, porque, si eres reconocido como cristiano, notas con qué extrañeza te miran. Lo ves a diario. Lo experimentas. Lo aprecias en tus compañeros. Luchas todos los días –con tu conducta alegre y normal– por hacer comprensible el nombre de Dios y de la Iglesia. Con todo, es un hecho que casi todos entienden muy poco.

Pareciera que se ha cumplido la profecía de Nietzsche, como si ya no quedara nada de sagrado, y lo religioso no fuera sino una reliquia pasada. Han hecho de Dios un concepto vacío.

¡Pídele al Señor con insistencia que se haga presente en nuestro mundo! ¡Que venga en nuestra ayuda y en la de tantos hombres! Así te prepararás mejor para Pentecostés: implorando su presencia y rezando. Medita la primera estrofa de la secuencia al Espíritu Santo. Apréndela de memoria. Dila muchas –muchísimas– veces, como para contrarrestar la putrefacta profecía de la muerte de Dios:

Ven Espíritu Divino
Manda tu luz desde el cielo
Padre amoroso del pobre
don en tus dones espléndido
luz que penetras las almas
fuente del mayor consuelo.

2. Piensa que cuando un hombre deja de creer en Dios –lo decía Chesterton– pasa a creer en nada, y entonces es peor, porque se puede creer cualquier cosa. Nuestros compañeros de estudio o de trabajo, en su mayoría, tienen un poco de alergia a todo lo que suene a religioso, y muy especialmente a lo que huele a cristiano.

Se interpreta que la Iglesia católica es la portadora de un mensaje estrecho, contrario a la libertad; y la existencia de Dios y de Jesucristo se pone en tela de juicio.

Toca responder. Toca ser valientes. Toca ser mujeres y hombres que se fían de Dios, que invocan al Espíritu Santo que habita dentro de ellos. Valientes. Audaces, con verdadera fe. Lo primero es rezar: ¡Ven, Espíritu Divino!

Solo podremos transmitir la alegría de ser discípulos de Cristo si somos capaces de adoptar una actitud positiva ante lo que nos rodea. Con «espíritu de queja» será muy difícil que Dios vuelva a hacerse presente en el mundo. El Espíritu Santo es el gran «SÍ» de Dios: es el Amor de Dios, que se desborda y llena el mundo y los corazones. Decir un «sí» a Dios significa decir un «sí» grande al mundo, porque vivimos justamente en el lugar donde Dios quiere.

Este es nuestro punto de partida. Un «sí» redondo. Un «sí» grande. Un «sí» enorme. O sea, personas humanamente positivas: suficientemente sobrenaturales para poder convivir con las circunstancias que nos rodean, tantas veces ajenas a Dios. Seremos también personas plenamente espirituales, y justamente por eso cien por cien humanas. Y sabremos disfrutar, como el que más, con la música, la moda, los gustos y el deporte, siempre que no sean contrarios a la ley de Dios.

¡Así nos quiere el Señor!, ¡así somos los cristianos! Hombres y mujeres llenos de vitalidad. Atractivos. Que visten bien, que gustan de lo bueno. Amantes de tantas cosas fantásticas que hay en el mundo: bien fijos en la entraña de la tierra. Los pies en el suelo. Procura, por favor, no ser –en la medida de lo posible– de otro planeta, y eso, sobre todo, por amor a Dios, que es providente.

Espíritu Divino, ¡manda tu luz desde el cielo! Un primer propósito: pídele al Espíritu Santo ser una persona luminosa y alegre.

3. Para transmitir esa luz, no basta sonreír o tener una apariencia agradable. Nada más áspero que la conocida sonrisa falsa. Una sonrisa, si es todo y solo forzada, es como mentirosa, porque el resto del cuerpo, de la palabra, de las posturas... la desmienten. Eso, discúlpame, puede producir cierta alergia.

Para volver a hacer a Dios presente en nuestros ambientes, para que venga el Espíritu Santo de un modo nuevo (¡Ven Espíritu Santo!), tenemos que ser capaces de hablar desde el centro mismo de nuestra existencia. Piensa que, si quieres tocar el corazón de los otros, primero tendrás que cambiar tu propio corazón; y eso es algo que hará contigo –si le dejas– el Espíritu Santo.

Métetelo en la cabeza. No puedes funcionar solo por la fuerza. No puedes crecer solo a base de puños. La vida cristiana no es tanto un esfuerzo sin límite, como una gracia sin medida. El Espíritu Santo es capaz de cambiar nuestro pobre corazón, porque Él penetra en las almas y es fuente del mayor consuelo.

Fomenta el trato con la Tercera Persona de la Santísima Trinidad hablando con Él muchas veces al día, ¡llamándole! y pídele que te conceda una sonrisa auténtica que muestre tu particular convicción en la verdad y en el amor de Dios.

MARTES VII SEMANA DE PASCUA

Ven dulce huésped del alma
descanso de nuestro esfuerzo
tregua en el duro trabajo
brisa en las horas de fuego
gozo que enjugas las lágrimas
y reconforta en los duelos.

1. Se conocieron por cuestiones laborales. Flechazo inmediato. Pronto empezaron a quedar. Se gustaban. Él lo comenta con sus amigos. Le animan a llamarla, a quedar con ella, a estar pendiente. «Chaval, no pierdas la oportunidad».

Ella hace lo propio con sus amigas, que a partes iguales le convencen de lo conveniente de ese chico. «Es mono». Pero, a veces, le siembran pequeñas dudas con sus comentarios críticos: si todo no irá demasiado despacio... o demasiado deprisa; que quizá no estés del todo segura...

Con todo, no hizo falta demasiado para que Tommaso y Stefania comenzaran a salir. Son felices: enamorarse entusiasma siempre. Tampoco pasó demasiado tiempo para que decidieran casarse: son mayores, trabajan los dos, se quieren...

La película se llama *Casomai*. Año 2002. Hasta aquí, todo bastante normal. La complicación viene después. Viene el primer hijo. En el trabajo explotan a los dos. Deja de haber tiempo para nada. Es entonces cuando buscan ayuda y contratan para el trabajo doméstico a una mujer ideal, de campo, buena cocinera que les ayuda en todo y más: una segunda madre.

Las amigas de ella se quejan de que no la ven, los amigos de él le dicen que ya no viene al fútbol... se empieza a comentar que ya no son lo que eran. Stefania y Tommaso comienzan a discutir muy frecuentemente: por el niño, por la suegra, por el trabajo, por la escuela... por todo. Y la convivencia, poquito a poco, se hace insoportable.

En este momento crítico de su relación de pareja, ella queda nuevamente embarazada... es la gota que colma el vaso. Deciden abortar. Los dos. Terrible...

Convaleciente después de la operación, aquella mujer que había estado algún tiempo trabajando se dirige a la cama donde ella descansa, se sienta, y solas las dos le anuncia la nueva y terrible noticia: «Me voy. Debo volver a mi pueblo». Ambas lloran. Se quieren. Stefania le insiste en que se quede. La anciana renuncia: dice que no puede quedarse en una casa donde ha habido un aborto. Stefania replica: «El pecado es mío...». Pero aquella buena mujer le cuenta brevemente la historia de su vida: en su casa había muchos hijos y mucha pobreza, y no obstante cuando nacía uno nuevo lo festejaban con lo poco que tenían. «Mi padre lo festejaba abriendo aquel día el mejor vino. Daba igual lo pobres que fuéramos. Stefania: no. No puedo quedarme en esta casa, donde se ha cometido un pecado tan grande».

Querido lector: Lo mismo pasa en nuestras almas cuando cometemos un pecado grave. Dios nunca nos abandona, pero cuando nos dejamos llevar por el pecado, lo expulsamos. Tiene que irse. Es como si dijera: cuánto lamento no poder habitar ya en tu corazón. No puedo quedarme.

El pecado venial debilita la presencia de Dios en nosotros. El mortal lo expulsa. Qué bueno será si ahora haces silencio en tu interior y prometes al Espíritu Santo un alma –¡la tuya!– limpia y arreglada, donde Él pueda estar muy a gusto.

«Propósito: "frecuentar", a ser posible sin interrupción, la amistad y trato amoroso y dócil con el Espíritu Santo. –Veni, Sancte Spiritus...! –¡Ven, Espíritu Santo, a morar en mi alma!».

2. En aquella película se puede apreciar cómo Stefania, especialmente durante el noviazgo, tiene miedo a perder a Tommaso. Pasa en muchas parejas. Quiere ponérselo un poquito difícil a su novio, pero cuándo él no responde, ella se queda insegura, sin saber si acaso el chico no vale o, sencillamente, le pidió demasiado. Lo consulta a sus amigas. Duda.

En el fondo, todo esto manifiesta dos elementos que forman parte de todo enamoramiento: el deseo de conocer si el otro merece la pena de verdad y, a la vez, el temor a perder a alguien a quien se quiere y que, en cierto modo, forma ya parte de la propia vida. Quizá aún «no hay nada», pero solo pensar que el otro pueda llegar a faltar es doloroso. No es un dato objetivo: es sencillamente un sentimiento; algo más, un afecto. Estando con esa persona, aunque no diga nada, todo es mucho más fácil; más seguro.

Al final, fruto de su pecado, Stefania se encuentra de nuevo con la soledad, porque pierde a aquella mujer que tanta compañía le hacía... No te contaré el final de la película, para que descubras por ti mismo si finalmente pierde también a su marido.

El miedo a perder a las personas queridas no es malo: es natural. Por eso, tampoco es malo tener un cierto miedo a perder la presencia de Dios en nuestra alma. Este temor no es negativo si nace del horror al pecado mortal deliberado. Pídele al Espíritu Santo espanto ante la sola idea de cometer un solo pecado grave.

3. Tommaso, por su parte, no imagina las cosas como Stefania. Sabe lo fundamental: que ella le gusta. Se enamora y no lo piensa más. Ella se convierte en el motor de todo aquello que él es capaz de pensar e imaginar. Todo le recuerda a ella, y se lo hace saber de mil modos: un mail, un mensaje, un whatsApp. Lo que sea. Es muy consciente de que a ella le encanta. De algún modo, quiere que Stefania sepa que la tiene siempre presente.

Podríamos decir que la presencia de Stefania para Tommaso es una presencia operativa: la sola «presencia virtual» de su novia mueve a Tommaso a actuar de una determinada manera. ¡Una manera inédita!: compra cosas que jamás hubiera imaginado solo por halagar a Stefania, se comporta –aún internamente– con una rectitud y una pureza antes desconocidas, está amable y sonriente... Ella, aunque no esté delante en todo momento, ha cambiado por entero su vida, hasta en lo más cotidiano.

Así es, con mucha más razón, la presencia del Espíritu Santo en el alma en gracia. Él nos acompaña en todos los momentos de nuestra vida con una presencia operativa: en el descanso y en el trabajo, en la alegría y en el duelo, en la sonrisa y en las lágrimas.

Por eso, si le tratamos, su presencia ayudará a cambiar nuestra vida: ese vicio que no logras arrancar de tu conducta, esa manía, ese pecado... ¿Quieres cambiar?: confía en Dios. ¿Quieres mejorar?: busca al Espíritu Santo.

> *Ven dulce huésped del alma*
> *descanso de nuestro esfuerzo*
> *tregua en el duro trabajo*
> *brisa en las horas de fuego*
> *gozo que enjugas las lágrimas*
> *y reconforta en los duelos.*

MIÉRCOLES VII SEMANA DE PASCUA

Entra hasta el fondo del alma
divina luz y enriquécenos
mira el vacío del hombre
si tú le faltas por dentro
mira el poder del pecado
si no envías tu aliento.

1. Llama la atención pensar que pocas cosas distinguen tan claramente al hombre del animal como su capacidad de rezar. Orar. Dirigirse a Dios. Ponerse de rodillas, cerrar los ojos, inclinar la cabeza y entrar en diálogo con Dios. Alguien dijo que el hombre se define como animal racional, pero quizá sea aún más cierto quien diga que es un animal espiritual, un ser creado por Dios cuya cabeza y corazón –cuyo deseo– se eleva mucho más arriba de lo que cualquier criatura le pueda dar. No hay amor humano capaz de calmar el ansia del corazón: ni el amor del esposo, ni el de la esposa; ni el de la madre, ni el de la hija; ni el de una amiga, ni el de un amigo.

Lo expresó san Agustín de manera sobrecogedora: «Grande eres, Señor, y laudable sobremanera; grande tu poder, y tu sabiduría no tiene número. ¿Y pretende alabarte el hombre, pequeña parte de tu creación?, ¿y precisamente el hombre, que, revestido de su mortalidad, lleva consigo el testimonio de su pecado y el testimonio de que resistes a los soberbios? Con todo, quiere alabarte el hombre, pequeña parte de tu creación. Tú mismo le mueves a ello, haciendo que se deleite en alabarte, porque nos has hecho para ti y nuestro corazón está inquieto hasta que descanse en ti»[1].

El Espíritu Santo es el Amor que se tienen el Padre y el Hijo. Cuando ese mismo Espíritu alcanza nuestra alma, enciende en nosotros el deseo de ese Amor que no conoce límite. Por eso hoy, en nuestra oración, para nosotros, para todos los hombres, rezamos en silencio, con piedad, con certeza, la estrofa de la secuencia que ilustra nuestra alabanza:

> *Entra hasta el fondo del alma*
> *divina luz y enriquécenos*
> *mira el vacío del hombre*
> *si tú le faltas por dentro*
> *mira el poder del pecado*
> *si no envías tu aliento.*

2. Los hombres tenemos una especial capacidad de adaptación, y dejando de ser espirituales podemos llegar a ser cien por cien materiales; e incluso en casos extremos dejar de ser racionales, para ser solo y del todo animales.

Era una fecha indeterminada a finales de los años 70, cuando dos figuras, medio humanas medio anima-

---

[1] *Confesiones*, I, 1.

les, aparecieron caminando por la castiza estación de metro de Gran Vía, en Madrid. Los encargados vieron con estupefacción cómo hombres desnutridos, sucios, sin apenas movilidad y que no parecían humanos, llegaban haciendo enormes esfuerzos hasta el andén peatonal. Los dos murieron al poco tiempo de un shock anafiláctico al contacto con el aire libre, pero este hecho fue el inicio de un hallazgo increíble.

Por entre los túneles del metropolitano corrían unas galerías por las que se llegaba a unas toperas. Allí se habían ocultado, durante casi cuarenta años, unos hombres, asustados por la Guerra Civil española. Después de tanto tiempo, llevaban una vida apenas humana: una capa oscura, resultado de la falta de higiene, cubría su piel; casi no se sostenían en pie y preferían andar a gatas; habían perdido el habla y se comunicaban por gestos y susurros. Se habían alimentado de una especie de galleta, de ratas y otros residuos. Saciaban su sed lamiendo las húmedas paredes de los túneles.

Fueron llevados secretamente a la Sierra de Francia, en Salamanca, donde se les intentó rehabilitar sin éxito. Casi no tenían sangre en sus venas, no tenían lágrimas, y demostraban indiferencia hacia estímulos de color y movimiento. Todos murieron, porque, después de tantos años de oscuridad e inmundicia, eran incapaces de vivir a plena luz, de respirar aire puro y digerir alimentos sanos. Tan terrible fue su suerte. Tan horrible su situación[2].

No es menos desdichada la vida del hombre sin Dios. Mira el vacío del hombre, si tú le faltas por dentro,

---

[2] Raúl Guerra, *La gran via es Nueva York*, 210-218.

mira el poder del pecado, si no envías tu aliento. Y no es menos terrible su adaptación a esa sinrazón.

Pídeselo otra vez con piedad, al Espíritu divino, que entre hasta el fondo de tu alma y de los tuyos y la enriquezca con su divina luz.

3. Pidamos a Dios que seamos capaces de elevar los ojos al cielo, capaces de mirar al sol y volar con entusiasmo hacia él: capaces de orar. Solo el hombre puede hacerlo, y el mismo Cristo nos lo enseñó en distintas ocasiones: Jesús reza al Padre antes de confesar un secreto escondido, antes de realizar un milagro, antes de la fracción del pan. Cristo alzó los ojos al cielo delante de la tumba de Lázaro, para que constara que era un hombre quien rezaba, y así nosotros jamás nos desanimemos en nuestro empeño de orar, por grandes que sean nuestras lágrimas. Él, que lloró por su amigo, dirige su plegaria a Dios su Padre… y luego mira de cara al sepulcro, y clama con su voz de Dios: *¡Lázaro, sal fuera!* (*Jn* 11, 43).

Hoy es el Espíritu de Dios quien toca a las puertas de tu alma y de tu corazón, y clama con voz potente: ¡Sal fuera! Sal fuera de tu pecado, que no es sino vacío; sal fuera de tu pereza, que no es sino el aliento del enemigo; sal fuera y camina… camina como hombre, capaz de hablar con Dios, porque llevas a Dios en el centro mismo de su alma.

Descubre la gracia de ser portador de Dios y llévalo a tus contemporáneos, no sea que estén viviendo como aquellos siniestros moradores del Metro de Madrid… y no te estés dando cuenta.

JUEVES VII SEMANA DE PASCUA

Riega la tierra en sequía
sana el corazón enfermo
lava las manchas
infunde calor de vida en el hielo
doma el espíritu indómito
guía al que tuerce el sendero.

1. En ningún caso un solo amigo, pero tampoco sus hermanos o familiares; ni siquiera sus padres. Nadie. Absolutamente nadie de los suyos acudió al día más importante y solemne de su vida. Rostros anónimos. Caras desconocidas. Él y Dios. Punto.

Fue ordenado sacerdote en Enero de 2012 en una pobre y fría región de China continental. La Iglesia católica no pasaba por su mejor momento en sus relaciones con el gobierno local: estado de máxima restricción y vigilancia milimétrica de los católicos chinos. El obispo les ordenó sacerdotes, no sé si secretamente o no, con un solo mandato: «desde ahora sois sacerdotes, pero no podéis celebrar la Misa bajo ningún concepto. Tampoco solos ni a escondidas, porque tarde o temprano la cosa se sabría, acabaría por ir gente y la crisis sería aún peor. Lamento deciros que no tenéis las licencias necesarias para celebrar los sacramentos, hasta que la situación cambie sustancialmente...».Mes y medio después, uno de esos sacerdotes chinos pudo celebrar la Santa Misa en Roma. Por primera vez. Nadie estaba presente. Quizá –otra vez– algunos rostros desconocidos. Lloró como un niño, y desde entonces llora cada día delante del altar cuando ofrece el sacrificio de la Misa, mientras piensa en sus compañeros: uno en la cárcel, el otro vigilado, ambos sin poder celebrar. Por eso, desde entonces hasta hoy, se estremece cada día y da gracias por el privilegio de representar a Cristo en el misterio más santo que hay sobre la tierra.

Pide al Espíritu que venga con toda su potencia, con toda su divinidad, a dar calor a nuestro mundo que, como puedes ver, en muchos sitios muere de frío. ¡Ven Espíritu Divino, y...

Riega la tierra en sequía
sana el corazón enfermo
lava las manchas
infunde calor de vida en el hielo
doma el espíritu indómito
guía al que tuerce el sendero.

2. Volaba hacia Sydney observando las maravillas que se abrían paso bajo sus pies: los desiertos sin fin de Oriente Medio, las montañas altísimas que separan a la India del continente asiático, el azul de un océano inmenso, las islas que lo salpican... toda esa belleza sobrecogía el corazón del Pontífice, que viajaba entusiasmado a la Jornada Mundial de la Juventud del año 2008.

Entre toda esa maravilla, un hecho llamó su atención: la conocida desertización, el avance de lo seco que va despojando de vida esta tierra nuestra. Y como su espíritu también volaba, Benedicto XVI quiso advertirnos de la peor de las desertizaciones: la de las conciencias, tanto o más urgente y peligrosa que la que afecta al suelo que nos sostiene.

Conciencias desiertas. Sociedades vacías. Un inmenso arenal. Pedir al Espíritu que riegue lo que está seco no es un intento vano.

Recuérdanos –¡oh Espíritu Santo!– el dulce olor de la tierra mojada. Permítenos volver a percibirlo: el olor de las buenas obras, de las conciencias limpias, de las sociedades rectas, respetuosas de la libertad y de la vida. ¡Que el Espíritu empiece por nosotros mismos, sanando en nuestras almas lo que está enfermo!

Cúranos, límpianos, purifícanos de todo eso que quizá no es pecado grave, pero que ensucia el alma: reproches, agravios, impurezas, egoísmo. Pídeselo con confianza: ¡Ven, Espíritu Santo! ¡Lava lo que está sucio, cura lo que está enfermo!

3. La juventud no es la edad del placer –escribía un poeta cristiano a un joven inquieto–, sino la edad del heroísmo[1]. Y el Papa lo recordaba a los jóvenes, preparando otra Jornada Mundial de la Juventud: «En cada época, también en nuestros días, numerosos jóvenes sienten el profundo deseo de que las relaciones interpersonales se vivan en la verdad y la solidaridad. Muchos manifiestan la aspiración de construir relaciones auténticas de amistad, de conocer el verdadero amor, de fundar una familia unida, de adquirir una estabilidad

---

[1] Paul Claudel, *Carta a Jacques Rivière*.

personal y una seguridad real, que puedan garantizar un futuro sereno y feliz.

Al recordar mi juventud veo que, en realidad, la estabilidad y la seguridad no son las cuestiones que más ocupan la mente de los jóvenes. Sí, la cuestión del lugar de trabajo, y con ello la de tener un porvenir asegurado, es un problema grande y apremiante, pero al mismo tiempo la juventud sigue siendo la edad en la que se busca una vida más grande»[2].

Es una máxima en física: el calor dilata los materiales... La llegada del Espíritu Santo es calor de vida para las almas, dilatador de nuestros deseos, Aquel que con su divina presencia y secreta actuación doma el espíritu indómito, ensancha la senda y guía nuestro camino.

Dile a Dios que no te quieres quedar en unos deseos cortitos, en unos caminitos pequeños, en una vida minúscula. Calor para ti y para tu gente; calor para tu mundo; agua y luz que hagan de este planeta un lugar lleno de vida, de vida interior.

Reza con espíritu universal. Ora por todo el mundo, y recuerda en tu recogimiento a aquellos que por amor a Cristo son perseguidos. Es la historia de la mezquindad y grandeza de los hombres; trigo y cizaña juntos hasta el final de los tiempos.

---

[2] Benedicto XVI, Mensaje (6-8-2010).

VIERNES VII SEMANA DE PASCUA

Reparte tus siete dones
según la fe de tus siervos
por tu bondad y tu gracia
dale al esfuerzo su mérito
salva al que busca salvarse
y danos tu gozo eterno.

1. Nosotros le *amamos porque Él nos amó primero* (*1 Jn* 4, 19). Fundado en esta convicción, el apóstol Juan escribe a todos los cristianos –también a ti y a mí– para que tengamos la certeza de que si somos capaces de amar a Dios... es porque mucho antes Él nos eligió como hijos suyos.

Desde toda la eternidad (cfr. *Ef* 1, 4) estamos en la mente de Dios, y esa elección eterna se ha concretado el día en que comenzamos a ser hijos de Dios por nuestro bautismo.

Por eso, mucho antes que todo lo que seamos capaces de hacer, pensar o decir, mucho antes que nuestra fama, sonrisa o buenas obras, muchísimo antes... está el Amor de Dios. En ocasiones nos preguntamos si lo haremos bien o mal, si respondemos a la gracia de Dios o no; en definitiva, nos cuestionamos cuánto vale nuestra vida, por lo bueno o lo malo que hacemos... y no nos damos cuenta de que su valor es infinito, incalculable, porque Dios nos amó primero.

Atendiendo al Amor de Dios cumpliremos la verdad de la vida. Atendiendo al camino que se inició el día de nuestro bautismo, correremos hacia la meta de la santidad. —¿Yo? —Sí, tú. Santo. Santo de altar; sabiendo que la obra de la santidad es, fundamentalmente, divina, y muy secundariamente tuya.

La vida cristiana no es ni consiste fundamentalmente en «hacer cosas» sino en permanecer junto al amor. ¿Dónde? En la súplica, en la oración, en el sagrario, en el corazón. También en las obras. Saborea en este día la última de las estrofas de la secuencia. Reza con ella e implora al Espíritu la riqueza de sus dones, para que obre eficazmente en ti:

> *Reparte tus siete dones*
> *según la fe de tus siervos*
> *por tu bondad y tu gracia*
> *dale al esfuerzo su mérito*
> *salva al que busca salvarse*
> *y danos tu gozo eterno.*

2. ¡Ven, Espíritu Santo! Concédenos a nosotros, los hijos de Dios, el sagrado septenario de tus dones. Talentos medios, eso es lo que somos. Personas del montón, nada excepcionales, que sabemos lo mismo o menos que todos los demás: personas normales, gustos normales, trabajos normales... ¡cristianos corrientes!

A veces, en el mundo del deporte, se dice de algunos jugadores que son todo pundonor, no exentos de cali-

dad, para significar que esos deportistas son volunta-
riosos, corren siempre, luchan, hacen labor de equipo,
tienen su puntito de genialidad, pero ciertamente no son
unos cracks, ni los mejores... ni siquiera tienen una característica que los haga un pelín extraordinarios. Del
montón, sí, pero necesarios. Como los demás, sí, pero
capaces de trabajar en equipo.

Así somos nosotros, todo pundonor, no exentos de
calidad. Sabemos que no llegaremos muy lejos por nosotros mismos, pero por la bondad y la gracia de Dios,
nuestros esfuerzos tendrán mérito, que es como decir
que no valemos, que no podemos, que tantas veces no
damos una a derechas... pero Dios es muy capaz de hacer meritorios –eficaces– nuestros trabajos.

No te ensoberbezcas por aquello que sale bien. Es
obra de Dios. Ofréceselo, y pídele comenzar y terminar
siempre movido por su espíritu, como reza aquella oración de la liturgia: «Señor, que tu gracia inspire, sostenga y acompañe nuestras obras, para que nuestro trabajo comience en ti, como en su fuente, y tienda siempre
a ti, como a su fin».

3. Terminamos nuestra oración pidiendo al Espíritu
Santo una fe inmensa para recibir la gracia de sus dones: reparte tus siete dones, según la fe de tus siervos.

El don de sabiduría, para que tengas gusto por lo espiritual y seas capaz de juzgar según la medida de Dios.
El de inteligencia o entendimiento, para que recibas la
gracia de comprender mejor la Palabra de Dios y profundizar en las verdades reveladas. El don de consejo
que ilumina tu conciencia en las opciones que la vida
diaria te impone, sugiriéndote lo que es lícito, lo que
corresponde, lo que más conviene a tu alma.

El de fortaleza, fuerza sobrenatural que te sostiene en tus luchas para obrar valerosamente lo que Dios quiere de ti, y sobrellevar las contrariedades de la vida, resistiendo a las instigaciones de las pasiones internas y las presiones del ambiente. Con la gracia del don de fortaleza se superan dos extremos: la cobardía –cuando falta reciedumbre– y la agresividad –cuando es excesiva y puede degenerar en la ira.

El don de ciencia, que te dará a conocer el verdadero valor de las criaturas en su relación con el Creador; el de piedad, que sana el corazón de todo tipo de dureza y lo abre a la ternura para con Dios, y para con los hermanos como hijos del mismo Padre.

El temor de Dios, que conduce a los corazones a ser portadores de un espíritu contrito ante Dios, conscientes de sus culpas y del castigo divino, pero dentro de la fe en la grandísima misericordia divina. Es el temor a ofender a Dios, reconociendo humildemente nuestra debilidad. Sobre todo es el temor filial que expresa, en definitiva, el Amor de Dios: el alma se preocupa de no disgustar a Dios, al que amamos como Padre, de no ofenderle en nada, de «permanecer» y de crecer en la caridad (cfr. *Jn* 15, 4-7).

Sí, Espíritu divino, sí: esperamos tus siete dones; esperamos la alegría sin fin.

SÁBADO VII SEMANA DE PASCUA

1. Escuchar, otra vez, la llamada junto al lago.
2. Lo más necesario para nuestro mundo:
morir a nosotros mismos.
3. Lo que hace Cristo no cabe en el mundo entero.

1. Han vuelto al lago. Es la última vez que se verán en ese escenario que tantos recuerdos trae a todos los após- toles, y muy especialmente a Pedro. Un encuentro con Cristo había cambiado su vida cuando tres años atrás se topo con Él en el lago. El Dios hombre le invitó a echar la red a la derecha... Llevaban toda la noche pescando... Era un gran absurdo... Y la red se llenó al instante, con una multitud de peces... Y al tocar tierra, Pedro tuvo que buscar un lugar retirado para que nadie viera que aquel hombretón duro y pescador, valiente... lloraba. Sí. Lloraba como un niño, porque se había fiado de Cristo y era tal la cantidad de peces que estaba sobrecogido de estupor.

En la intimidad de aquel lugar apartado, Pedro en- trevió a Cristo que se acercaba como Amigo, como Con- suelo, como Maestro. En la distancia le gritó: apártate de mí, que soy un pecador, consciente de que Jesús era mucho más que un hombre. Es la voz de Moisés ante la presencia de Dios en la zarza ardiente; es el grito de Isaías en su visión de la gloria de Yahvé saliendo del templo; es, de algún modo, el clamor de todos lo que por un momento han sido conscientes de la majestad de Dios: el miedo ante la grandeza de lo sobrenatural.

Cristo no se detuvo en su carrera, porque si grande es su majestad, mayor es su cercanía. Desoyéndole se acercó, y pronunció aquellas palabras que a Pedro le sonaron a eternidad: *No temas, desde hoy serás pescador de hombres* (*Lc* 5, 10).

Hoy, en el evangelio, amanece de nuevo en el lago, y en él vuelven a encontrarse Cristo, Pedro... y de nuevo la voz de la llamada: *Sígueme* (Jn 21, 18)..

Ojalá escuches hoy, en la intimidad de tu oración, idénticas palabras: Tú que rezas, sígueme.

Quizá lo escuches por vez primera. Pon atención, a ver dónde te quiere el Señor. Quizá lo hayas escuchado muchas veces: renueva, pues, tu condición de discípulo de Cristo e hijo de Dios.

2. Su primera visita a los museos vaticanos fue allá por 1960. Hoy, muchos años después, aquel turista de profundo sentido sobrenatural aún lo sigue contando. Le llamó mucho la atención una tumba datada muchos siglos antes de Cristo. Dentro de ella se encontraba el difunto y un buen puñado de sus posesiones. Allí, muy cerca de él, un ánfora con granos de trigo... un puñadito. Simiente intacta.

Pensé entonces –contaba a su auditorio– que si ese grano hubiera muerto hace tantos cientos de años, desde entonces hasta ahora habría dado muchísimo fruto: trigo, panes –¡alimento!–, para pobres, para ricos, para todos... Pero esos granos no quisieron morir. Prefirieron vivir para sí mismos, y están muy bien custodiados, en un museo, muy orgullosos ellos... y muy pobres... ¡¡¡miles de años de ausencia de fruto!!!... por no querer morir.

Morir es bonito. Darse para alimentar a muchos es muy hermoso. Para que otros tengan vida.

Hoy. Ni un minuto más. Como Pedro en el lago. Como Santiago y Juan. Como tantos y tantos. Sobre todo: como la Virgen.

Deja que sea Él quien proponga. Tú, escucha.

3. *Muchas otras cosas hizo Jesús. Si se escribieran una por una pienso que los libros no cabrían ni en todo el mundo* (*Jn* 21, 25).

No exagera san Juan cuando dice esto. No lo afirma llevado por un entusiasmo repentino, no. Muchas cosas hizo Jesús; y muchas cosas sigue haciendo en las almas a través de su Espíritu Santo. Si quisiéramos coleccionar toda la acción de Dios en los corazones y ponerla por escrito en volúmenes de papel... ¿cabrían en todo el mundo?

San Juan se refiere a tu vida, a la mía. El cuarto evangelista es consciente de que la existencia de Pedro y la suya propia, la de los Doce, no son sino las primeras esculpidas según el modelo de Cristo. Después de ellos, muchos han hecho girar todo lo suyo en torno al amor de Dios y al prójimo, en torno a Cristo mismo y a la vida en el Espíritu. Muchos, como ellos, lo han tenido claro: morir. Casados o célibes; sacerdotes o laicos; religiosos o religiosas... La misma e idéntica consigna.

Mañana celebraremos Pentecostés. Decenas de volúmenes, miles de enciclopedias se podrían escribir sobre la irrupción del Espíritu en la vida humana.

Reza: reza para que la cálida voz del Señor sea reconocida, para que el Espíritu Santo pueda sugerir al oído de tantas personas, esas dulces palabras que desde entonces y hasta el final de los tiempos, han resonado con fuerza en los corazones de tantos cristianos: «Sígueme».

DOMINGO DE PENTECOSTÉS CICLO A

1. Están borrachos.

2. Duele más la incomprensión de los «buenos».

3. La paz os doy.

· **1.** El día de Pentecostés tuvo que ser verdaderamente extraordinario. La narración del libro de los Hechos de los Apóstoles está llena de fuerza, de una fuerza incontenible que parece haberse desatado inesperadamente. La gente de Jerusalén no salía de su asombro. Aquel grupo de hombres y mujeres, la mayoría galileos, desde hacía cincuenta días se venían encontrando en el mismo lugar donde Jesús celebró su última cena, discretamente, sin hacer ruido. Algunos habían salido y vuelto a la ciudad. Solo se les veía para ir al Templo y hacer las tareas imprescindibles. Su Maestro había muerto hacía semanas. El rumor de que vivía había llegado a algunos, pero no pasaba de historias de mujeres. Y ahora de improviso salen como una tromba, hablando en multitud de lenguas, pregonando que Cristo vive y ellos son testigos de ello.

La reacción de la gente, como consigna san Lucas en su relato de aquel día, justamente a continuación de lo que hemos leído en la primera lectura, es de asombro: *Estaban todos estupefactos y desconcertados, diciéndose unos a otros: «Qué será esto»* (Hch 2, 12). Pero también enseguida aparecen los mal pensantes: *Otros en cambio, decían en son de burla: «Están borrachos»* (Hch 2, 13). Nunca faltan los que de entrada critican, juzgan o calumnian.

Tampoco faltarán hoy quienes ante el testimonio de una vida cristiana sencilla y abnegada digan que están locos o que son unos radicales. Quienes reaccionen con burla ante lo que alguien hace o deja de hacer por su fe. Es posible que ya te haya pasado. Simplemente al manifestar que vas a misa, o al guardar la abstinencia de carne los viernes de cuaresma. Y te ha dolido.

Pero si lo piensas un momento, ese rechazo, esa burla, es nada comparados con la fuerza y la alegría del Espíritu. No me imagino a ninguno de los Doce perdiendo un minuto en entrar a esas provocaciones. Ellos seguirían a lo suyo, que es lo de Jesús: testimoniar con su vida la gracia que han recibido. A lo sumo una oración por ellos para que se ablande ese corazón endurecido que esconden tras la mofa.

Ya sabes, la próxima vez que te pase, ni un minuto, ¡qué digo!, ni un segundo de tristeza, tan solo una oración para desagraviar y pedir por esa persona.

2. Cuando Alberto tuvo su cuarto hijo ya estaba en torno a los cuarenta, tenía un buen trabajo que, junto con el de su esposa, les permitía vivir bien, aunque sin grandes lujos ni alardes. La noticia del embarazo y más tarde del nacimiento trajo muchos comentarios entre sus compañeros y amigos. Los más despectivos y ofensivos se daban en corrillos a su espalda, aunque no faltó alguna broma de mal gusto.

Pero lo que le hizo pensar más fue una conversación que tuvo con su jefe y con otra compañera de la misma oficina. Eran dos buenas personas, con las que tenía algo de amistad y bastante afinidad y confianza. Los dos se declaraban católicos y practicaban su fe, al menos, con frecuencia. A los pocos días de que anunciase que iba a tener un nuevo hijo, su jefe le llamó a su despacho donde ya se encontraba aquella compañera. «¿Cómo estás? ¿Qué vais a hacer ahora?». Fueron las primeras palabras que le dirigieron. Estaban preocupados por lo que pensaban era una verdadera dificultad... y más todavía una imprudencia. Porque, aunque no lo dijesen por amistad, en el fondo la pregunta latente detrás de aquellas era más bien «¿cómo se os ha ocurrido?». Y en seguida muchas consideraciones acerca de la situación económica en que quedaban, lo que suponía un cuarto hijo; pero también muestras de apoyo y ánimo. Alberto les agradeció su preocupación y les tranquilizó haciéndoles ver que estaban muy contentos él y su mujer y que las dificultades ya las afrontarían.

Más tarde, pensando en aquella conversación, Alberto se dio cuenta de que le había dolido más eso que los comentarios que sabía de otros. Porque eran sus amigos, con los que compartía la fe. Y, sin embargo, se acababa de dar cuenta de que en realidad tampoco le comprendían.

La incomprensión que más duele es la de aquellos en los que sí debíamos encontrar apoyo y ánimo. ¡Qué responsabilidad tenemos los sacerdotes y los demás pastores de la Iglesia! ¡Ojalá nuestras palabras no sean motivo nunca de desaliento! Al contrario que sean siempre palabras llenas de fe y de ánimo para quien lucha cada día por vivir más cerca de Jesús. Aquí tienes una buena intención por la que rezar: que el Espíritu Santo sostenga e inspire a los ministros del Evangelio.

3. Volvamos con Alberto. Nos falta lo más importante de cuanto me contó y la clave para entender todo. Me decía que junto con la cierta tristeza que le produjo tal conversación, en su alma apareció una alegría y una paz que rápidamente dominaron su ánimo. Y le llevaron, sobre todo, a rezar por sus amigos para que descubrieran que fiarse de Dios es con mucho lo mejor.

El fruto en nuestra alma de recibir el Espíritu Santo es la paz. La paz que solo Jesús puede dar y que es un don sobrenatural. No la confundas con un sentimiento humano de paz, es otra cosa muy distinta. Esta paz que es fruto del Espíritu tiene que ver con la correspondencia al don de Dios. Con hacer lo que tenías que hacer, aunque costase, aunque no esté bien visto y no sea entendido o incluso te acarree una reprobación. Es algo así como el eco de Dios en tu interior. Por eso la podrás tener incluso cuando exteriormente lo que te aceche sean dificultades o incomprensiones. Aun en medio de grandes sufrimientos podrás gozar de esta paz si el Espíritu Santo llena tu alma como hizo con los primeros discípulos.

Pídele al Señor, no la paz, sino lo que te lleva a ella: secundar la inspiración del Espíritu Santo, gozar siempre de su presencia en tu alma. ¡No es poco lo que pides!

DOMINGO DE PENTECOSTÉS CICLO B

1. El soplo del Espíritu.
2. Somos templos del Espíritu Santo.
3. Nuestra normalidad.

1. El domingo pasado contemplábamos llenos de asombro la Ascensión de Jesús al Cielo. Los Apóstoles vuelven a Jerusalén y se encierran en el Cenáculo por miedo a los judíos; todavía no comprenden del todo, están a la espera de la promesa del Espíritu Santo hecha por Jesús antes de su partida. A veces, también nosotros hemos compartido esa sensación de miedo o de vergüenza, cuando en medio de nuestro mundo laboral, social o incluso familiar hay gente que no nos comprende o que se mofa o ridiculiza nuestra condición de cristianos; es muy humana la postura de los Doce.

Sin embargo, estando todos reunidos –nos lo narra la primera lectura–, el día de Pentecostés todo cambió de pronto. *Se produjo desde el cielo un estruendo, como de un viento que soplaba fuertemente, y llenó toda la casa donde se encontraban sentados. Vieron aparecer unas lenguas, como llamaradas, que se dividían, posándose en-*

cima de cada uno de ellos. Se llenaron todos de Espíritu Santo (*Hch* 2, 2-4). Abrieron las puertas y ventanas de aquella habitación y comenzó la primera predicación apostólica. Comenzó a arremolinarse un grupo grande de gente en torno a la casa, y los escuchaban con gusto; al terminar, una muchedumbre pidió a Pedro el bautismo.

Fue un antes y un después, el miedo ya no existía, la valentía y audacia revitalizaban la vida de aquellos Doce hombres a los que ya nada detendría. Era obra de Dios. Desde entonces la Iglesia ha vivido de ese soplo del Espíritu Santo, que no se agota nunca. Hombres y mujeres de las más diversas condiciones, culturas, estados de vida, nacionalidades o profesiones han procurado llevar a cabo lo que nos describe el apóstol Pablo en la segunda lectura de la Misa de hoy: *si vivís según la carne, vais a la muerte; pero, si con el Espíritu dais muerte a las obras del cuerpo, viviréis. Los que se dejan llevar por el Espíritu de Dios esos son hijos de Dios* (*Rm* 8, 12-14).

Pentecostés es un inicio, no un punto final. En cada época histórica el Espíritu Santo sigue insuflando en el alma de los cristianos el don de su gracia, ¿le prestamos atención? ¿Somos conscientes de ese susurro amoroso de Dios a través de un consejo, de una lectura, de un suceso cotidiano o de una idea buena que me persigue machaconamente? Puede que no sea casualidad, puede que Dios te esté diciendo algo. El mundo de hoy sigue precisando de discípulos valientes de Jesús que se dejen llevar por el Espíritu; lo que sucede es que llevamos tanto peso encima (pecado, cosas materiales, intereses personales, amor propio, deseos de reconocimiento y un largo etcétera) que no conseguimos levantar el vuelo. Pídele hoy al Espíritu Santo luz para descubrir que te está estorbando para responder a sus requerimientos.

2. El Espíritu Santo, Tercera Persona de la Trinidad, desciende para tomar posesión del alma de los discípulos; el apóstol san Pablo insistirá en que no debemos olvidar que nuestro cuerpo es templo de este Divino Espíritu. Pásmate ante esta manifestación de amor de Dios: querer habitar en el corazón del hombre, Él, que es Todo, y nosotros, que somos una cosa tan pequeña. Dios te quiere tanto que ha deseado compartir su vida contigo de una manera tan íntima como es darte el Espíritu Santo –que es el Amor entre el Padre y el Hijo–.

Pero a la vez debemos darnos cuenta de que ese Don que Dios nos hace no se queda encerrado en una relación individualista entre Él y nosotros, sino que necesariamente se abre a los demás. No debemos conformarnos con estar nosotros a gusto con Dios, debemos comunicarlo a los otros.

«El mundo tiene necesidad de hombres y mujeres no cerrados, sino llenos de Espíritu Santo. El estar cerrados al Espíritu Santo no es solamente falta de libertad, sino también pecado. Existen muchos modos de cerrarse al Espíritu Santo. En el egoísmo del propio interés, en el legalismo rígido –como la actitud de los doctores de la ley que Jesús llama hipócritas–, en la falta de memoria de todo aquello que Jesús ha enseñado, en el vivir la vida cristiana no como servicio, sino como interés personal, entre otras cosas. En cambio, el mundo tiene necesidad del valor, de la esperanza, de la fe y de la perseverancia de los discípulos de Cristo.

El mundo necesita los frutos, los dones del Espíritu Santo, como enumera san Pablo: "amor, alegría, paz, paciencia, afabilidad, bondad, lealtad, modestia, dominio de sí". El don del Espíritu Santo ha sido dado en abundancia a la Iglesia y a cada uno de nosotros, para que podamos vivir con fe genuina y caridad operante, para que podamos difundir la semilla de la reconciliación y de la paz.

Reforzados por el Espíritu Santo –que guía, nos guía a la verdad, que nos renueva a nosotros y a toda la tierra, y que nos da los frutos–, reforzados en el Espíritu y por estos múltiples dones, llegamos a ser capaces de luchar, sin concesión alguna, contra el pecado; de luchar, sin concesión alguna, contra la corrupción que, día tras día, se extiende cada vez más en el mundo; y de dedicarnos con paciente perseverancia a las obras de la justicia y de la paz»[1].

3. Quizá hoy sea un buen momento para recordar agradecidos el gran don que supone en la vida cristiana el sacramento de la Confirmación. Muchos creen todavía, de manera errónea, que lo importante de ese sacramento es que yo «confirmo» de manera adulta mi fe (cosa que al bautizarme de pequeño no pude hacer) olvidando que la enseñanza de la Iglesia no discurre con esa lógica. «En efecto, a los bautizados "el sacramento de la Confirmación los une más íntimamente a la Iglesia y los enriquece con una fortaleza especial del Espíritu Santo. De esta forma quedan obligados aún más, como auténticos testigos de Cristo, a extender y defender la fe con sus palabras y sus obras" (...). La Confirmación confiere crecimiento y profundidad a la gracia bautis-

---

[1] Papa Francisco, *Homilía del Domingo de Pentecostés* (24-5-2015).

mal: nos introduce más profundamente en la filiación divina que nos hace decir "Abbá, Padre"; nos une más firmemente a Cristo; aumenta en nosotros los dones del Espíritu Santo; hace más perfecto nuestro vínculo con la Iglesia; nos concede una fuerza especial del Espíritu Santo para difundir y defender la fe mediante la palabra y las obras como verdaderos testigos de Cristo, para confesar valientemente el nombre de Cristo y para no sentir jamás vergüenza de la cruz»[2].

Por desgracia, muchos cristianos ignoran esto, perdiendo de vista que en la Confirmación –como en el resto de los sacramentos– el protagonista es Dios, que nos regala su gracia; por esto siempre hay momento para recibir este sacramento. Si lo has recibido, da gracias a Dios y toma conciencia de tu responsabilidad –que es muestra de amor de Dios– de tu misión de cristiano; si no lo estás, mira lo que te estás perdiendo, y ponle remedio.

---

[2] *Catecismo de la Iglesia Católica,* 1285 y 1303.

DOMINGO DE PENTECOSTÉS CICLO C

1. El Espíritu Santo, presente en la liturgia y en la oración.

2. El anuncio a la conversión y la vida de los Santos.

3. El Espíritu nos ayuda a dar testimonio.

1. «Dios nuestro, que por el misterio de Pentecostés santificas a tu Iglesia extendida por todas las naciones, concede al mundo entero los dones del Espíritu Santo y continúa realizando entre los fieles la unidad y el amor de la primitiva Iglesia».

Con estas palabras reza hoy la Iglesia al comenzar sus celebraciones eucarísticas a lo largo y ancho del mundo. Todos los católicos en oración ruegan al Espíritu Santo que llene el mundo entero con sus dones, para que la Iglesia resplandezca por su santidad y su unidad. La relación entre la Iglesia y el Espíritu Santo es muy íntima, y va a ser nuestro objeto de oración.

El Espíritu hace santa a la Iglesia. Esta santidad se muestra y se realiza sobre todo en la liturgia, que es una acción principal del Espíritu y de Cristo Cabeza de la Iglesia. Por ejemplo, cuando durante la Misa nos arrodillamos antes de la consagración, este gesto no es solo para adorar al Señor, que pronto se hará presente en el pan y en el vino, sino también –y quizá, sobre todo– porque en ese preciso instante el sacerdote invoca al Espíritu Santo –verdadero Dios– para que descienda sobre las ofrendas y las santifique, transformándolas en el Cuerpo y la Sangre de Jesucristo. Nos ponemos de rodillas ante la majestuosa presencia de la Tercera Persona de la Trinidad.

Lo mismo ocurre –otro ejemplo– cuando en una ordenación sacerdotal, los fieles se ponen de rodillas para entonar la letanía de los santos. La Iglesia de la tierra, reunida en torno a su obispo, se une a la Iglesia del cielo para invocar la venida del Espíritu sobre los que van a ser sacerdotes.

Estos son pequeños ejemplos de cómo el Espíritu vivifica los ritos en los que celebramos nuestra fe. Haríamos bien en tener una mayor devoción al Espíritu Santo. Te sugiero tres consejos para tu oración: ¿le pides ayuda al confesarte?, ¿te preparas con Él para tu activa participación en la Misa?, ¿es habitual compañero en tu oración?

Haz el propósito de aprender alguna oración que te acompañe siempre y te ayude a vivir la liturgia y tu piedad con más intensidad. Quizá pueda ser esta:

¡Oh Dios, que has instruido los corazones de tus fieles con la luz del Espíritu Santo! Concédenos que sintamos rectamente con el mismo Espíritu y gocemos siempre de tu divino consuelo.

2. El Espíritu Santo está muy presente también, como puedes leer en la primera lectura de hoy, en la predicación de la Iglesia. Los discípulos comenzaron a anunciar la Buena Nueva una vez recibido el Espíritu, ante la admiración de las gentes. Se enumeran los pueblos allí presentes, y san Lucas, autor del libro de los Hechos de los Apóstoles, no se deja a nadie, ni siquiera a los romanos: árabes, judíos, prosélitos, cretenses; de Judea, Capadocia, Mesopotamia... Quiere significar, claramente, que el anuncio de la conversión llega a todo el mundo sin excepción.

Esta presencia del Espíritu se ha hecho especialmente patente en la vida de los santos. Ellos han vivido la caridad heroicamente gracias al Él, con una grandísima variedad y diferencias, pero con una constante: su inmenso amor a Dios y a los demás. Han cumplido la palabra de Cristo, dejando a los hombres innumerables recordatorios de lo grande que puede llegar a ser un alma. Santa Teresa de Ávila, san Juan de la Cruz, san Felipe Neri, san Francisco Javier o san Francisco de Sales... vidas entregadas, inteligencias sublimes, pastores excelentes, misioneros incansables. O más recientemente, san Josemaría Escrivá, santa Faustina Kowalska, san Juan Pablo II o santa Teresa de Calcuta.

De palabra y de obra, la Iglesia mueve los corazones de los hombres a la conversión gracias a la acción del Espíritu Santo. Hoy lo busca y lo quiere hacer en nosotros. Como el día de Pentecostés, el Espíritu desea abrir un camino nuevo en nuestro corazón: del miedo a la audacia, de la medianía a la entrega, de la duda al convencimiento.

Trata al Espíritu Santo. Será un buen compañero en el camino de tu vida.

3. Finalmente, el Espíritu se muestra especialmente activo en el testimonio de los fieles: en el tuyo y en el mío. El ejemplo sin palabras suscita en su entorno preguntas irresistibles: ¿por qué te conduces así?, ¿por qué estás en medio de nosotros?, ¿qué motivo tienes para sonreír, sufrir, amar, esperar?, ¿por qué llevas una vida limpia?

El testimonio mueve los corazones de los no creyentes, aunque no siempre. Por eso, debe ser un testimonio de lo ordinario, que haga referencia a las cosas cotidianas, largo y constante. El testimonio cristiano ya no es ser entregado a los leones o ser comido por las fieras, sino ser capaz de acudir a trabajar cada día con esperanza, con un motivo para ser positivo, con una sonrisa sincera. Ese es el testimonio eficaz: el de tu alegría.

Luego toca esperar, porque los que te ven solo preguntarán cuando sean sacudidos por la duda y tengan de ti, por decirlo así, cierta envidia sana.

Ambas cosas (el testimonio y su repercusión) son obras del Espíritu Santo. Él se encargará de hacernos alegres y constantes, Él tomará cuidado de mover a los corazones que quiera. Él manda. Lo nuestro es pedir:

Ven, Espíritu Santo, llena los corazones de tus fieles y enciende en ellos el fuego de tu amor. Envía tu Espíritu y serán creadas todas las cosas y renovarás la faz de la tierra.

ÍNDICE

TERCERA SEMANA DE PASCUA

CUARTA SEMANA DE PASCUA

QUINTA SEMANA DE PASCUA

SEXTA SEMANA DE PASCUA

SÉPTIMA SEMANA DE PASCUA

DOMINGO. PENTECOSTES